五感で創るフランス菓子

弓田 亨

La pâtisserie française par les 5sens

ごあいさつ

　Pâtisserie française - その imagination-I から20余年の時が過ぎました。この本は、私のパティスィエとしての向かうべき方向を自らに示し、それに向かって誰もが歩んだことのない道を切り拓きながらの20年だったと思います。この間に私の頭の中にはさまざまの事柄が、経験が積み上げられてきました。

　もうそろそろ、これを一つの体系として、表わさなければならない時となりました。今回の本は、私の頭の中にあるこれらのものをできる限り90％に近いものを出してしまおうというものです。このような本をいくつか表わす中で最終的な体系をつくり上げようと思います。

　フランス的なものをつくる必然も、環境も日本には存在しません。まず自分の意識を研ぎ澄まさせることによって、自分の心の中にフランス的な空間をつくり上げ、精神性を通してこそ、私なりのフランス的なものが可能であるということが私のかねてからの主張でした。

　そして、フランスと日本の素材の間にある、あまりにも大きな素材の物性の違いを、フランスでの素材の特性の緻密な記憶と科学的考え方によって調整しなければならないということをつねづね述べてきました。

　この本の中のお菓子はつくられた時期にかなりの違いがあります。しかし、つねづね貫かれている考えは、すべての感覚とともにお菓子をつくり上げるということです。

弓田　亨

目次
SOMMAIRE

●お菓子をつくりはじめる前にまずP144「お菓子をつくる前に」を読んでください。イル・ブルー独自の手法や各パートゥに対する理解を深めていただくと、よりおいしいお菓子をつくれるようになります。

五感で創るフランス菓子

008 ルーロー・オ・キャフェ
Rouleau au café

豊かな食感のジェノワーズとふっくらとしたムース、クラクランの食感、さまざまなコントラストが楽しいコーヒーロールです

- ジェノワーズ・オ・キャフェ　Génoise au café
- クラクラン　Craquelin
- シロ・オ・キャフェ　Sirop au café
- ムース・オ・キャフェ　Mousse au café
  ムラング・イタリエンヌの入ったバターのムース

016 ラ・フュージョン　融合
La fusion

抹茶とコーヒーをプラリネのムースがゆったりとつなぎます

- ビスキュイ・オ・テ・ヴェール　Biscuit au thé vert
- ビスキュイ・オ・キャフェ　Biscuit au café
- ガナッシュ　Ganache
- ムース・プラリネ・オザマンドゥ
  Mousse pralinée aux amandes
  キャラメルのシロップでつくったムラング・イタリエンヌの入ったバターのムース

024 トゥリアノン
Trianon

リカールのムースとパインをダックワーズ生地が包みます

- フォン・ドゥ・ダックワーズ　Fond de dacquoise
- パイナップルのシロップ漬け　Ananas macéré
- ガルニチュール　Garniture
- ポンシュ　Punch
- ムース・オ・リカール　Mousse au Ricard
  バータ・ポンプを使ったバターのムース

La pâtisserie française

032　Meringue sèche à l'ananas et au praliné
ショコラのムラングとパインと
プラリネの甘さの中での意外な翻り

ショコラのムラングにプラリネとパインの
意外な組み合わせです

- ムラング・セッシュ・オ・ショコラ
  Meringue sèche au chocolat
- ヌガー　Nougat
- 黒いキャラメル　Caramel foncé
- ムース・ア・ラナナ・エ・オ・キャラメル
  Mousse à l'ananas et au caramel
  キャラメルのムラング・イタリエンヌの入った
  バターのムース
- ババロアズ・プラリネ　Bavaroise pralinée

040　Palets au citron léger
レモンの小さなざわめき

ココナッツ風味のサブレにレモンのクレームをはさみます

- サブレ・ア・ロランジュ　Sablé à l'orange
- クレーム・オ・シトゥロン　Crème au citron

046　Fraisier
フレーズィエ

あたたかい懐かしさにあふれた苺とビスキュイ、
クレーム・ムースリーヌのお菓子です

- ビスキュイ・オザマンドゥ　Biscuit aux amandes
- 苺のリキュール漬け　Fraises macérées
- クレーム・パティスィエール　Crème pâtissière
- クレーム・ムースリーヌ　Crème mousseline
  クレーム・パティスィエールとパータ・ボンブの入った
  バターのムース
- ポンシュ　Punch

054　Mangue et fromage
暖かく身を寄せ合う
マンゴーとチーズ

あたたかく仕上がったマンゴーとチーズのムースです

- サブレ・ア・ラ・ノワ・ドゥ・ココ
  Sablé à la noix de coco
- ムース・ア・ラ・マングー　Mousse à la mangue
  マンゴーピューレでつくったムラング・イタリエンヌのムース
- ジュレ・ドゥ・マングー　Gelée de mangues
- サブレ・ア・ラ・ノワ・ドゥ・ココにぬるチョコレート
  Décoration

064　Nymphéas par Monet
モネの水蓮

カシスとショコラで表わすモネの水蓮の池の水の藍色です

- ビスキュイ・オ・ショコラ　Biscuit au chocolat
- コンフィテュール・ダブリコ　Confiture d'abricot
- コンフィテュール・ドゥ・カシス　Confiture de cassis
- ガナッシュ・カシス　Ganache cassis
- ムース・オ・ショコラ　Mousse au chocolat
  カシスピューレのムラング・イタリエンヌの入った
  バターのムース
- ポンシュ　Punch

072　Tranche champenoise
トゥランシュ・シャンプノワーズ

いつまでもおいしさと輝きを失わないドゥニ・リュッフェ
ル氏のシャンパンのお菓子です

- ガルニチュール　Garniture
- ジェノワーズ・ムースリーヌ　Génoise mousseline
- フォン・ドゥ・ダックワーズ　Fond de dacquoise
- ムース・オ・シャンパーニュ　Mousse au champagne
  シャンパンでつくったクレーム・アングレーズを使った
  生クリームのムース
- ムース・オ・マール　Mousse au marc
  パータ・ボンブを使ったバターのムース
- ガナッシュ・ア・グラッセ　Ganache à glacer

La pâtisserie française

082 ベルギービールのムース
Mousse à la bière belge

ベルギービールと黒糖との濃密で香り高い味わいです

- フォン・ドゥ・ダックワーズ　Fond de dacquoise
- ムース・ア・ラ・ビエール　Mousse à la bière
- クレーム・シャンティイ・オ・ショコラ・ブラン
  Crème chantilly au chocolat blanc

088 プラリネとシナモンのプログレ
Progrès au praliné et à la cannelle

プラリネとシナモンの香りと味わいがムラングの歯触りに揺れ動きます

- フォン・ドゥ・プログレ　Fond de progrès
- ビスキュイ・オ・ショコラ　Biscuit au chocolat
- クレーム・アングレーズの入ったムース・プラリネ・ア・ラ・キャネル
  Mousse pralinée à la cannelle
  クレーム・アングレーズとムラング・イタリエンヌの入ったバターのムース
- プラリネ・シナモンのクレーム・オ・ブール
  Crème au beurre au praliné et à la cannelle

096 野菜のテリーヌ
Terrine de légumes

赤ピーマンのムース、ほうれん草のクレーム・シャンティイ、かぼちゃのクレーム・シャンティイをやさしい味わいのビスキュイが包みます

- ビスキュイ・オザマンドゥ　Biscuit aux amandes
- 赤ピーマンのムース　Mousse au poivron rouge
  生クリームのムース
- ほうれん草のクレーム・シャンティイ・オ・ショコラ・ブラン
  Crème chantilly au chocolat blanc et au épinard
- かぼちゃのクレーム・シャンティイ・オ・ショコラ・ブラン
  Crème chantilly au chocolat blanc et au potiron
- クレーム・シャンティイ　Crème chantilly

104 スリーズィエ
Cerisier

グリヨットゥ種のさくらんぼの濃密な組み立てのキルシュ・トルテです

- ガルニチュール　Garniture
- ビスキュイ・オ・ショコラ　Biscuit au chocolat
- ババロアズ・オ・ショコラ　Bavaroise au chocolat
- クレーム・シャンティイ・オ・ショコラ
  Crème chantilly au chocolat

112 不倫の味の一つ
Un des goûts d'infidélités

ショコラと八角のムースと、パッションの意外なトーンの組み合わせです

- フォン・ドゥ・マカロン・ア・ラ・ノワ・ドゥ・ココ
  Fond de macaron à la noix de coco
- クレーム・シャンティイ・オ・ショコラ
  Crème chantilly au chocolat
- ムース・ア・ラ・フリュイ・ドゥ・ラ・パッション
  Mousse à la fruit de la passion
  パッションフルーツのムラング・イタリエンヌの入ったバターのムース
- ジュレ・ドゥ・フリュイ・ドゥ・ラ・パッション
  Gelée de fruit de la passion

120 タルトゥ・テ・イグレク
Tarte T·Y

力強さとあたたかい膨らみに溢れた「弓田 亨」のイニシャルをつけたりんごのタルトです

- パートゥ・ブリゼ　Pâte brisée
- レーズンのラム酒漬け　Raisins secs macérés
- コンポットゥ・ドゥ・ポンム　Compote de pommes
- アパレイユ　Appareil
- りんごのソテー　Sauté de pommes

やさしくあたたかいフランボワーズと
ミルクチョコレートのムース
Mousse aux framboises
et au chocolat au lait
128

歯触り、香り、口溶け、さまざまなコントラストが絡み合う、
シナモン、ミルクチョコ、フランボワーズのお菓子です

- パートゥ・グラニテ　Pâte granitée
- ビスキュイ・ジョコンドゥ　Biscuit Joconde
- クレーム・シャンティイ・オ・ショコラ・オ・レ
  Crème chantilly au chocolat au lait
- ムース・オ・フランボワーズ
  Mousse aux framboises
  生クリームのムース
- ジュレ・ドゥ・フランボワーズ
  Gelée de framboises

過ぎし日の淡き思いの
グリヨットゥの氷菓
Sorbet aux griottes
136

グリヨットゥ種のさくらんぼと軽いホワイトチョコレート
の生クリームの、ちょっとやるせない味わいの氷菓です

- ビスキュイ・ドゥ・サヴォワ　Biscuit de Savoie
- ポンシュ　Punch
- アパレイユ　Appareil
- クレーム・シャンティイ・オ・ショコラ・ブラン
  Crème chantilly au chocolat blanc

お菓子をつくる前に
La technique
144

- **145** 温度管理と計量／材料／技術／食べごろの温度
- **146** 素材　Les ingrédients
  卵／バター／生クリーム／小麦粉／チョコレート／
  酒／ナッツ／香料／フルーツ／凝固剤
- **148** 生地とクレーム　Pâtes et crèmes
  パータ・ビスキュイ／パータ・ジェノワーズ／
  フォン・ドゥ・ダックワーズ／ババロア／ムース／ムラング
- **155** 準備しておくもの　Les préparations
  ポマード状バター／溶かしバター／30°ボーメシロップ／
  ぬり卵／型の準備
- **156** ムラング・イタリエンヌ　Meringue italienne
- **158** パータ・ボンブ　Pâte à bombe
- **159** クレーム・アングレーズ　Crème anglaise
- **160** パータ・シュクレ　Pâte sucrée
- **164** 混ぜる、泡立てる　mélanger, fouetter
  木べらで【90度】で混ぜる／
  木べらで【平行だ円】で混ぜる／
  ホイッパーで【直線反復】で混ぜる／
  ホイッパーで【円】で混ぜる／
  ホイッパーで【小刻みすくいあげ】で混ぜる／
  ホイッパーで【すくいあげ】で混ぜる／
  ホイッパーで【拡散】で混ぜる／
  エキュモワールで混ぜる／泡立てる

イル・プルー・シュル・ラ・セーヌのご紹介
La présentation de
IL PLEUT SUR LA SEINE
168

- **169** パティスリー イル・プルー・シュル・ラ・セーヌ
  La pâtisserie IL PLEUT SUR LA SEINE
- **170** 嘘と迷信のないフランス菓子・料理教室
  L'école de pâtisserie et de cuisine française
- **171** お菓子屋さんが出版社　La maison d'édition
- **172** 製菓材料輸入販売　Le commerce extérieur
- **173** 直輸入食材・製菓材料　Les ingrédients pour pâtisserie
- **176** 器具　Les ustensiles de cuisine
- **179** エピスリー イル・プルー・シュル・ラ・セーヌ
  L'ÉPICERIE Il PLEUT SUR LA SEINE
- **180** 今すぐ習いたい！ イル・プルー師範のお教室
  ラ・パティスリ・ソルシエール　森田英子
  ブラン・エ・ブルー　志村美枝
- **182** イル・プルー・シュル・ラ・セーヌ 師範リスト
  Liste de diplômées

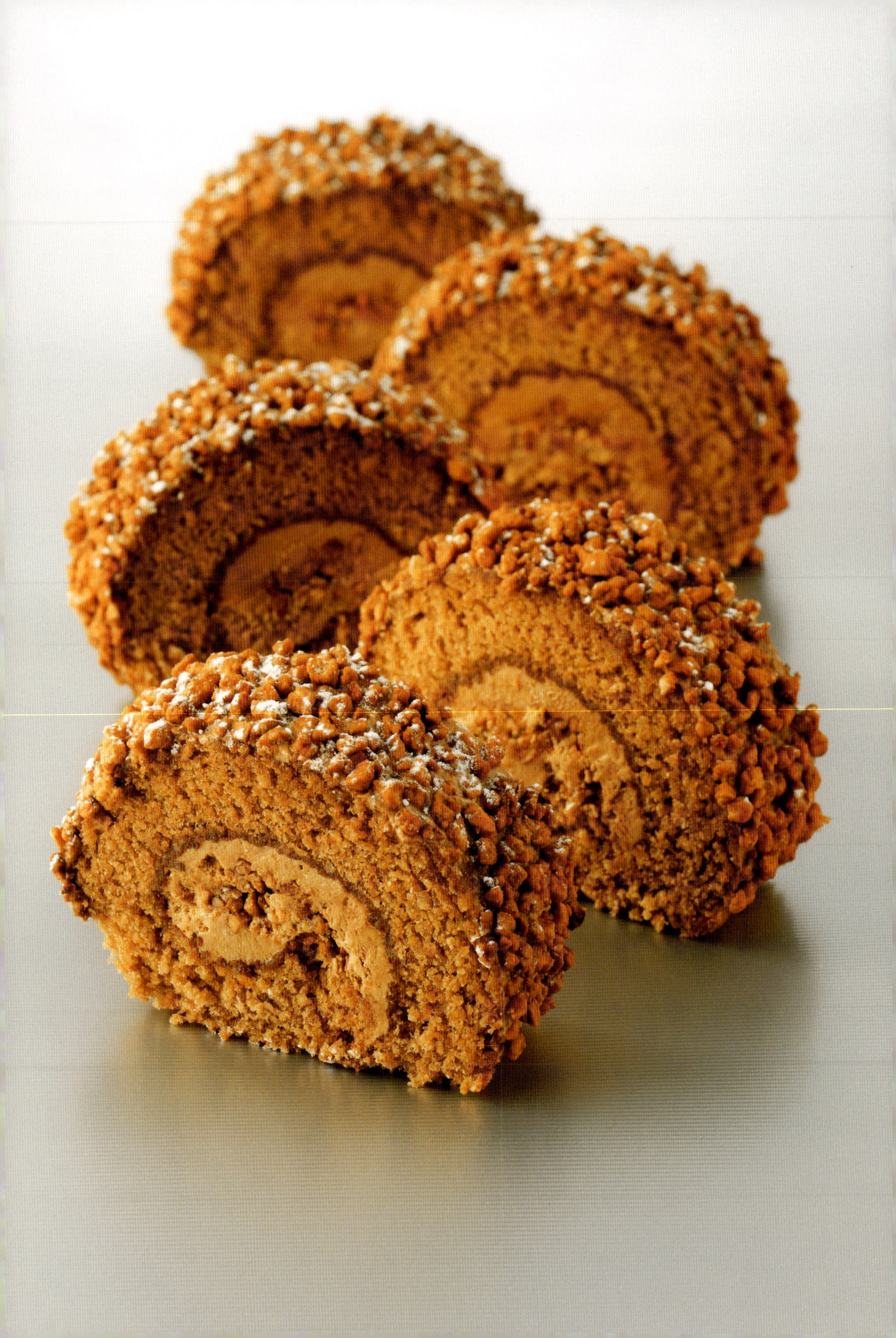

やわらかめのジェノワーズのパートゥを思う存分楽しむために、お菓子の中でのジェノワーズのポーションはとんでもなく大きくなります。

　やわらかさが単調にならないように、ジェノワーズ・オ・キャフェにはアーモンドパウダーを入れてザラッとした歯触りをつくり、かなり厚めに焼きます。巻き込むムース・オ・キャフェには、やわらかい歯触りに対してしっかりした芯のあるコーヒーの味わいを与え、そしてカリンとした歯触りのクラクランと、印象的なコントラストを重ねて、やわらかさの中に多重性をつくりあげます。

ルーロー・オ・キャフェ
Rouleau au café

　ハッとするおいしさと同時に安心感に満ちた、あたたかい味わいのコーヒーロール。このお菓子の味わいについて述べれば、こんな風になります。

　本当にとんでもなく大きいのです。やわらかいスポンジケーキを口いっぱいほおばるのも、たしかにお菓子のひとつの醍醐味です。フワフワのスポンジケーキに顔を埋めて食べてみたい、そんな思いは誰にでもあると思います。

　ですが以前の私は、味わいに対してこんなアプローチは考えられませんでした。この頃はかなり肩の力は抜けていたのですが、それでも自分の心に重いかせをのせるかのような、厳密に過ぎるお菓子づくりでした。でもこのルーローを境にして、心のどこかにもっと負荷のかからぬお菓子づくりが憧れとなりはじめたことも事実です。いつもはお菓子づくりの中で、やわらかさなんてそんなに興味はありません。でもやわらかさを意識した時には、他の人の何倍もやわらかさをつきつめてみようと思います。それも自分の心の中の言葉と表情を持った「やわらかさ」をもとにしてお菓子をつくってみたいのです。

ジェノワーズ・オ・キャフェ　　　　Génoise au café

この生地は大きいので、天板が小さい電子レンジオーブンでは焼けません。

Ingrédients　27.5cm×23cmの天板1枚分

- 100g　薄力粉
- 100g　アーモンドパウダー
- 3.3g　ベーキングパウダー
- 200g　全卵
- 100g　グラニュー糖
- 13g　コーヒーエッセンス（濃）
- 50g　溶かしバター

1. 天板に紙を敷く。

2. 薄力粉、アーモンドパウダー、ベーキングパウダーは合わせてふるう。

3. 深大ボウルに全卵とグラニュー糖を入れて弱火にかけ、ホイッパーで底を軽く手早くこすり混ぜながら45℃にする（**a**）。深大ボウルは薄いので、ごく弱火で、手早く底をこすらないと、卵が固まったり、焦げたりしやすいので注意してください。加熱温度によって気泡の状態が異なるので、温度計で正確に計ったほうが生地のできあがりは安定します。温度計はボウルの底についてかまいません。

4. 45℃になったら火からおろし、ハンドミキサー（ビーター2本）の速度3番で4分30秒しっかりと泡立てる（**b**）（**c**）。冬の本当に寒い日には、熱いお湯をたっぷりと含ませたタオル（タオルに触れないくらいの熱さ）の上にのせて泡立てると気泡量が増えます。

5. コーヒーエッセンスを加え、3番で10秒混ぜる。

6. **2**を5〜6回に分けて加え、木べらで少しゆっくりめに8秒に10回くらいの速さで【90度】で混ぜ（**d**）、70〜80％混ざったら次の粉を加えていく。全部入れて70〜80％混ざったら、ボウルの内側をゴムべらで払う。

7. 溶かしバター（約40℃）を3回に分けて加え（**e**）、**6**と同様に混ぜる。全部入れて70〜80％混ざったら、ボウルの内側を払って、さらに20回ゆっくり混ぜる（**f**）。

8. 天板に流して平らにならす（**g**）。オーブンで焼く。［ガス高速オーブン：予熱200℃／180℃で13〜15分］表面に濃いめの焼き色がつき、外側には少しシワができ、小さな穴があくまでしっかりと焼く（**h**）。

9. すぐに天板からだし、網にのせて冷ます。

10. 冷めたら紙をはがし、冷蔵庫で冷やしておく。温かいと仕上げの時にムースが溶けて口溶けが悪くなります。

クラクラン   Craquelin

ロールの中に60gちらし、表面にもふります。クラクランはアイスクリームに入れるなど、さまざまなお菓子に使います。酸化によって酸敗臭がでやすいので、つくってから1週間以内に使い切ること。既製品はすでに酸化しているものが多いので自分でつくったほうがいいでしょう。

Ingrédients

100 g	グラニュー糖
25 g	水
⅛本	バニラ棒
100 g	アーモンド（16割）

1 銅ボウルにグラニュー糖と水、バニラ棒を入れて混ぜ（**a**）、弱火で110〜113℃まで煮詰める（**b**）。

2 火をとめ、アーモンドを加えて（**c**）木べらで混ぜる。次第にシロップが結晶し、かたまりとなってくる（**d**）。木べらですりつぶすようにかたまりをほぐしながら混ぜ、アーモンドが一粒ずつになるまで続ける（**e**）。バニラ棒をとりだす。

3 アーモンドがほぐれたら、ボウルについた砂糖の結晶がゆっくり溶けるほどの弱い火にかけ、木べらで底をゆっくりこすりながら炒る。
中火では砂糖が溶けすぎて、あとでくっついてしまったりするので注意してください。

4 10分強ほどたって、アーモンドに少し強めのキツネ色がつき、表面の砂糖にもかなり香ばしさがでてきたら（**f**）、火をとめる。
余熱でさらに色が濃くなるので、用途によって求める焼き色の少し手前で火を消します。

5 さらに木べらで底をこするようにゆっくり混ぜていると、温度が下がるにしたがって、溶けてボウルについていた砂糖も次第に再結晶化してくる。

6 さらに混ぜていくと、ふたたびアーモンドが一粒一粒に分かれてくる（**g**）。もうアーモンド同士がくっつくことはないので、バットなどに移す。

シロ・オ・キャフェ　　　　　　　　　　　　　　　　　　　　Sirop au café

Ingrédients

23 g	30°ボーメシロップ
56 g	水
4.5 g	コーヒーエッセンス
0.4 g	バニラエッセンス（5滴）

1 手つき鍋（小）に30°ボーメシロップと水を入れて沸騰させ、火をとめてコーヒーエッセンスとバニラエッセンスを加える（**a**）。

ムース・オ・キャフェ　　　　　　　　　　　　　　　　　　　Mousse au café

ムラング・イタリエンヌを使ったバターのムースです。

Ingrédients

	ムラング・イタリエンヌ
30 g	卵白
5 g	グラニュー糖 a
3 g	乾燥卵白
45 g	グラニュー糖 b
15 g	水
78 g	バター
26 g	卵黄
14 g	コーヒーエッセンス

1 ムラング・イタリエンヌをつくる（→P156）。60gとってバットにのばし、*5* でバターが溶けだしても固まらない25℃前後（20～30℃）に調整する。

ムラングの温度が高いと、その熱でバターが溶けだして泡が消えてしまいます。冷たすぎるとバターが固まってムラングと混ざらないため、泡がつぶれて分離します。そのためムラング・イタリエンヌは25℃前後に調整します。

2 バターをやわらかめのポマード状にし、卵黄を2回に分けて加えて（**a**）ホイッパーで50回ずつ混ぜる【円】。コーヒーエッセンスを加えて混ぜる（**b**）。

3 *2*のボウルの底を弱火にほんの2、3秒あてて（**c**）少し溶かし、50回ほどよく混ぜる【円】【すくいあげ】。これを7～8回くり返して（これ以上になることもある）バターを少しずつやわらかくする。

溶けていない部分で、溶けた部分をしっかり包むようなイメージで混ぜていきます。こうするとバターのつながりがよく、混ぜる時にバターの層が切れて分離するのを防ぎます。テリがでてかなりトロトロした状態で、ボウルをゆすると大きく動き、ホイッパーの跡が大きく沈み、ゆする前の⅓の高さしか残らないくらいにやわらかくします（**d**）。ホイッパーの跡が

完全に消えてしまっては溶かしすぎで、バターの層が消えて分離しやすくなります。「プラリネとシナモンのプログレ」のムース（P92）もムラング・イタリエンヌを使ったバターのムースですが、クレーム・アングレーズを加えているので混ざりやすく、そのためバターをそれほどやわらかくする必要はありません。しかしここではかなりトロトロの状態にしないと、混ぜる時にムラングがバターのかたさに負けてつぶれやすくなります。

4 *1*のムラング・イタリエンヌをゴムべらでおよそ9等分する（**e**）。

5 *3*に*4*を⅑量ずつ加えていく。1〜2回めはホイッパーでムラングのザラッとした感じが残る程度に軽く混ぜる（**f**）。ムラングでバターをのびやすくするイメージ。

6 3〜4回めは木べらで【90度】で手早く混ぜ（**g**）、ムラングがほとんどみえなくなったら、ボウルの内側をゴムべらで払い（**h**）、さらに20回混ぜる。

7 5回めは少しゆっくり混ぜる。ムラングがみえなくなったら、ボウルの内側を払い、さらに10回混ぜる。

8 6回めは10秒に10回の速さで混ぜる。6回めがだいたい混ざったら、残り全部を一度に加えてゆっくりと混ぜ、途中でボウルの内側を払い、ムラングがみえなくなるまで混ぜる（**i**）。

Rouleau au café | 013

仕上げ　　　　　　　　　　　　　　　　　　　　Finition

Ingrédients

適量　粉糖

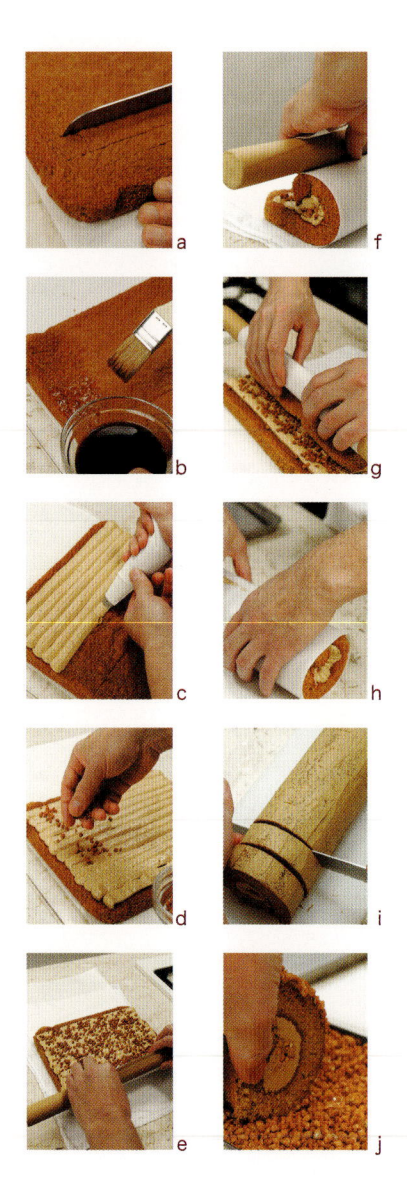

---

1 すべらず巻きやすいように、かたく絞ったタオルを広げた上に、長さ45cm×幅30cmくらいの紙をのせる。生地を焼き色を上にして横長に置く。

2 生地の手前に波刃包丁で1.5cm間隔に3本ほど、生地の表面から¼深さくらいの切り目を入れる（**a**）。

3 表面にごく軽くシロ・オ・キャフェを打つ（**b**）。

4 ムース・オ・キャフェの¾量を平口金をつけた絞り袋に入れ、手前を1.5cmほどあけてかなり厚めに絞る（**c**）。

5 クラクラン60gを一面にちらす（**d**）。

6 生地の手前にでている紙の下に麺棒を入れ（**e**）、ひと巻きしてぐっと押さえて芯をつくる（**f**）（**g**）。巻きはじめを丸くしたら、あとはあまり締めないように最後までごく軽く巻く。ムースがやわらかいので、力を入れるとすぐにはみだしてくるので注意。強く締めると生地がつぶれ、やわらかさがなくなります。

7 巻き終わったら、両手で持って180度向きをかえ、もう一度紙で少し締めながら太さを整えて巻き直す（**h**）。

8 すぐに冷凍庫に入れて冷やし固める。

9 生地が形を保つほどに固まったら、紙をとり、表面にごく軽くシロ・オ・キャフェを打つ。

10 ムース・オ・キャフェの残り¼量をパレットナイフで表面に薄くぬる。
すぐに仕上げない場合はここで冷凍保存します。

11 軽く熱した波刃包丁で3cm幅にカットする（**i**）。バットにクラクランを広げてつける（**j**）。グラシエール（粉糖入れ）で粉糖をふる。
冷凍したロールにクラクランをつける場合は、ガスバーナーで表面をサッと溶かすか、10秒ほどオーブンに入れて表面を少し溶かしてからつけます。

ルーロー・オ・キャフェ
Rouleau au café

誰も気にとめずに口のまわりをいっぱいによごして
大きなロールにかぶりつきます。
15〜20℃が食べごろの温度。
長さ27cm弱のロールが1本できます。
3cm幅にカットして8個分。

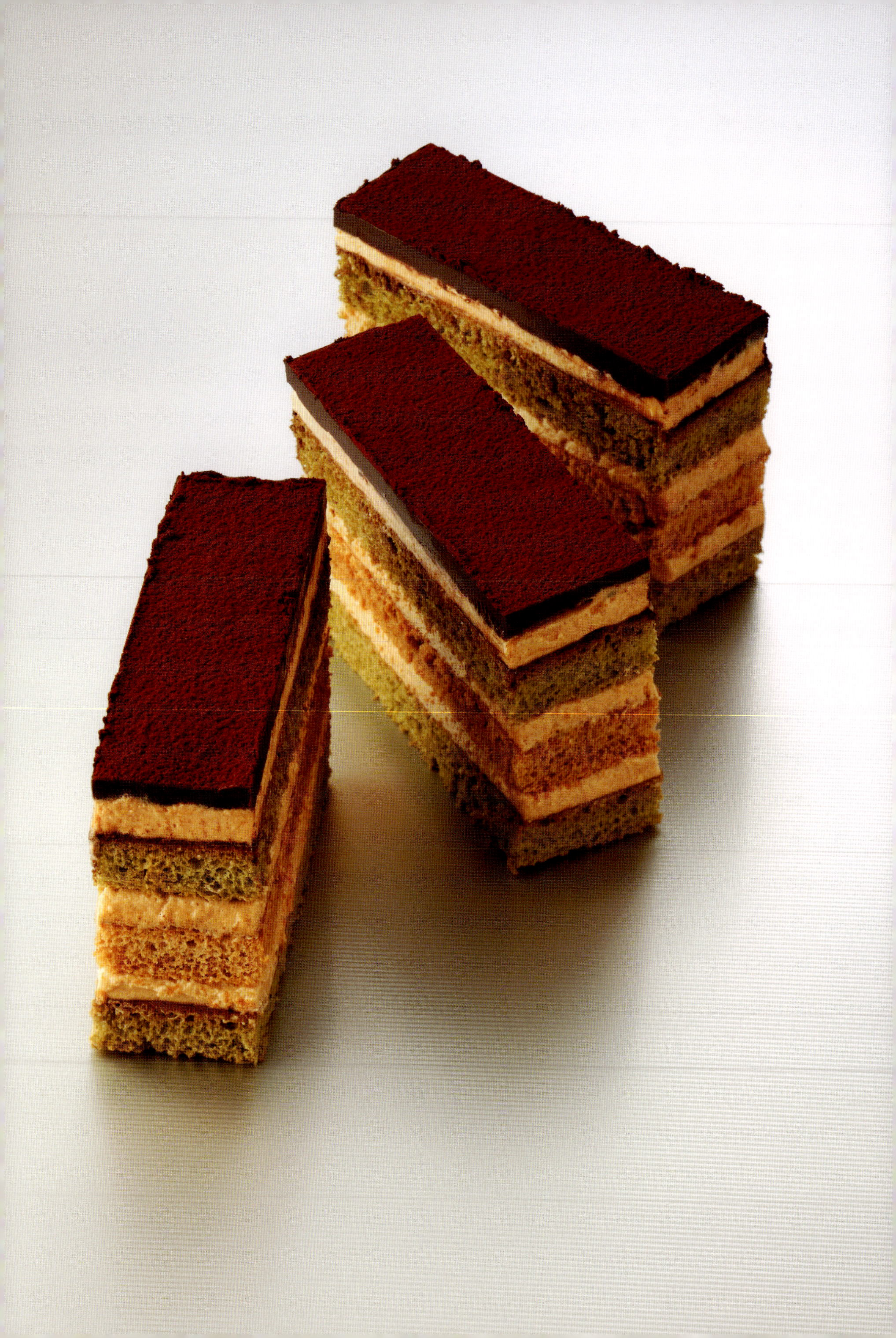

このお菓子はいってみれば、抹茶とコーヒーの組み合わせですから変なお菓子です。もちろん奇をてらうことに我を忘れてはいけませんが、普通はおかしいと思われるものの中に、新しい発見とか、真実が隠れていたりするものです。

抹茶の味はとても強いように思えますが、日本の他の素材と同様、別の素材と組み合わせると他愛もなくほとんど負けてしまいます。他の要素に負けないように、また、点てたばかりの抹茶を口に含んだ時のやわらかい優しい感じを表わすには、まずそれに合ったパートゥが必要です。卵のやわらかさを持ち、歯切れの最

ラ・フュージョン 融合
La fusion

後の瞬間にスッとした歯の通りを持つビスキュイがそれに合うのではないかと考えました。そして普通、抹茶のお菓子をつくりあげる時に誰もが大事にするみずみずしさは、ここではとってしまったほうが面白くはないだろうかと考えました。

このお菓子は食べ頃の温度が大事です。ムース・プラリネ・オザマンドゥとガナッシュがやわらかくなる20℃頃がよいと思います。ムースとガナッシュがかためですと、神経はこれら二つの食感に集中してビスキュイの個性的なやわらかさがわからず、また、たった一枚しかないコーヒーのビスキュイの味は弱まり、抹茶との競い合いができません。ムースとガナッシュの豊かな味と舌触りが、ビスキュイの優しい感触が、抹茶とコーヒーの味をあたたかくつなぎます。

ビスキュイ・オ・テ・ヴェール　　　　　　Biscuit au thé vert

抹茶の香りにナツメグの鋭い香りを加え、ほかの素材に負けない芯を与えます。

Ingrédients　　18cm角の浅天板2枚分

- 5.9g　抹茶
- 12g　水 a
- 3g　水 b
- 34g　薄力粉
- 0.5g　すりおろしたナツメグ
- 82g　卵黄
- 46g　グラニュー糖 a

ムラング・オルディネール
- 65g　卵白
- 16g　グラニュー糖 b

- 34g　溶かしバター

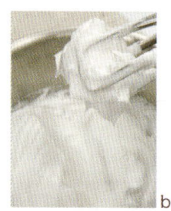

1　天板2枚に紙を敷く。

2　抹茶は水 a でまず均一にダマのないように混ぜ、さらに水 b を加えて混ぜやすいようにしておく（**a**）。

3　薄力粉とすりおろしたナツメグを軽く指で混ぜる。

4　手つき中ボウルに卵黄、グラニュー糖 a を入れ、ハンドミキサー（ビーター1本）の速度3番で1分30秒、白くふっくらとするまで十分に泡立てる。

5　ムラング・オルディネールをつくる。深大ボウルに入れて冷やしておいた卵白とグラニュー糖 b を、ハンドミキサー（ビーター2本）の2番で1分→3番で1分40秒泡立てる（**b**）。

6　4 に 2 を加え（**c**）、3番で10秒混ぜる。
溶かした抹茶はムラングと混ぜる直前に合わせないと、卵黄の泡が消え、さらに卵白の泡が消えやすくなります。

7　5 のムラングに 6 を加えて（**d**）エキュモワールでゆっくりと混ぜる。

8　7 が80％混ざったら、3 を5回に分けて加え、7 と同様に混ぜる（**e**）。80％混ざったら次を加え、全部入れて80％混ざったら、ボウルの内側をゴムべらで払う。

9　溶かしバター（約40℃）を3回に分けて加えて（**f**）混ぜる。全部入れて80％混ざったら、ボウルの内側を払い、さらに15回混ぜる。
混ぜ終った時にムラングがつぶれず、かさがあるほうが、この生地のすっとした歯切れがでます。ムラングを残すために混ぜる回数はかなり少なくなります（通常は30回が目安）。

10　1 に半量ずつ入れ（**g**）、18cm角のキャドルをはめて平らにならし、キャドルをはずす（**h**）。
キャドルを置いてならしたほうが、均等な厚さにのばしやすく、少ない回数でならせるので気泡がつぶれません。

11　オーブンで表面をかなり濃いめのキツネ色に焼く。［電子レンジオーブン：予熱210℃／190℃で14~15分］［ガス高速オーブン：予熱190℃／170℃で14~15分］　四辺が少し縮み、こんもりとしていた中央が平らな感じになるまで焼く。
下に熱源があるオーブンでは天板を2枚重ねるなどして、下から強い熱が入らないようにします。下から強い熱が入ると、生地は十分に浮かず、薄く、詰まった歯切れになり、時間がたつとパサついた歯触りになります。ここでは厚さを十分にだして、やさしい歯触りと軽い歯切れにしたいので、下からの熱を抑えて十分浮かせ、上からの熱で十分に熱を通します。

12　網にのせて冷ます（P19「ビスキュイ・オ・キャフェ」**a**）。

ビスキュイ・オ・キャフェ Biscuit au café

Ingrédients 18cm角の浅天板1枚分

- 15g　薄力粉
- 36g　卵黄
- 20g　グラニュー糖a
- 3.9g　コーヒーエッセンス

ムラング・オルディネール
- 35g　卵白
- 7g　グラニュー糖b

- 15g　溶かしバター

1　P18「ビスキュイ・オ・テ・ヴェール」*4~12* と同様につくる(**a**)。3枚とも紙をはがし、冷蔵庫で冷やしておく。

抹茶がコーヒーエッセンスにかわります。分量が少ないので、卵黄は深小ボウルで、ムラングは手つき中ボウルで泡立てます。

ガナッシュ Ganache

Ingrédients 18cm角のキャドル1台分

- 9g　牛乳
- 60g　生クリーム（乳脂肪分48%）
- 17g　エバミルク
- 121g　ガナッシュ用スイートチョコレート
  （ガナッシュ・ゲアキル・カカオ分約54%）
- 9.5g　ダークラム

1　牛乳、生クリーム、エバミルクを手つき鍋(小)に入れ、弱火で80℃まで加熱する。

2　細かく刻んだスイートチョコレートを直径15cmボウルに入れ、*1*を一度に加えて(**a**)すぐにホイッパーで少し手早く混ぜる(**b**)。なめらかになってからさらに20回ほど混ぜる(**c**)。

3　ダークラムを加え(**d**)、同様によく混ぜる。

4　すぐにバットに流し(**e**)(**f**)、冷蔵庫で一度冷やし固める。ガナッシュはできたばかりの時がさまざまな成分が均一に混ざり合い、口溶けもよく、またチョコレートその他の味わいも舌にのり、一番おいしい。この状態でガナッシュを生地の上に移すためには、できあがったらすぐに一度冷蔵庫で冷やし固め、分離しないようにします。使用する前にやわらかくもどし、けっして混ぜずに絞ることが大事です。人によってはガナッシュを泡立てて使うようですが、さまざまな成分が分離して口溶けが悪くなり、味わいを損ねると思います。

La fusion | 019

ムース・プラリネ・オザマンドゥ

Mousse pralinée aux amandes

少し焦がしたキャラメルのシロップでムラング・イタリエンヌをつくり、バターと合わせてムースをつくります。

Ingrédients

キャラメルのムラング・イタリエンヌ
- 46g　卵白
- 7g　グラニュー糖a
- 5g　乾燥卵白
- 90g　グラニュー糖b
- 30g　水a
- 33g　水b

- 108g　バター
- 36g　卵黄
- 45g　アーモンドローストペースト
- 0.6g　バニラエッセンス（8滴）

1　キャラメルのムラング・イタリエンヌをつくる（→P156）
グラニュー糖bと水aを手つき鍋（小）に入れて加熱する。沸騰して少し色がついてきたら（**a**）、火を弱めて中火にしてさらに加熱し、全体に少し薄めの黄色になるまで少し焦がす（**b**）。

シロップの焦げ色は薄い色から黄色、赤みのある色へと変化します。ここでは薄めの黄色程度に。あまり焦がしすぎるとアーモンドの味が隠れてしまいます。

2　火をとめて水bを加え（**c**）、いったんシロップの温度を下げる。

水を加えるとかなりはねるので注意してください。

3　ここでムラングを泡立てはじめる。泡立ち具合をみながら、シロップをふたたび121℃まで加熱して、ムラングに加えて泡立てる（**d**）。

121℃まで加熱するのは、キャラメルができているために119℃ではシロップの粘度が弱くなるため、より煮詰めてかたさをだすためです。119℃ではムラングがやわらかすぎて弱いものとなります。またシロップを加えたあとは1分手早く撹拌し、十分なかたさをだすことが必要です。このムース・プラリネはやわらかい歯触りのビスキュイに合わせてクレームも軽い歯触りにします。そのためムラングが多めなので、注意深く混ぜてください。

4　バットにのばして25℃前後（20〜30℃）に調整する（**e**）。
ムラングの温度が高いと、8でバターが溶けだして泡が消えてしまいます。冷たすぎるとバターが固まってムラングと混ざらないため、泡がつぶれて分離します。そのためムラング・イタリエンヌは25℃前後に調整します。

5 バターのアパレイユをつくる。バターをやわらかめのポマード状にし、卵黄を2回に分けて加えてホイッパーで50回ずつ混ぜる【円】。

6 アーモンドローストペーストを加えて(f)50回混ぜ、バニラエッセンスも加えて混ぜる。

7 6のボウルの底を弱火にほんの2、3秒あてて少し溶かして、50回ほどよく混ぜる【円】【すくいあげ】。これをくり返してバターを少しずつやわらかくする。

> 溶けていない部分で、溶けた部分をしっかり包むようなイメージで混ぜていきます。こうするとバターのつながりがよく、混ぜる時にバターの層が切れて分離するのを防ぎます。テリがでてかなりトロトロした状態で、ボウルをゆすると大きく動き、ホイッパーの跡が大きく沈み、ゆする前の1/3の高さしか残らないくらいにやわらかくします(g)。ホイッパーの跡が完全に消えてしまっては溶かしすぎで、バターの層が消えて分離しやすくなります。

8 4のムラング・イタリエンヌをゴムべらでおよそ9等分し(h)、7に1/9量ずつ加えていく。1・2回めはホイッパーでムラングがほぼみえなくなるほどに軽く混ぜ(i)、ムラングでバターをのびやすくする。

> ムラング・イタリエンヌの量が多いので、このように分けて加えていきます。

9 3〜4回めは木べらで【90度】で手早く混ぜる(j)。ムラングがみえなくなったら、ボウルの内側をゴムべらで払い、さらに20回混ぜる。

10 5回めは少しゆっくり混ぜ、ムラングがみえなくなったらボウルの内側を払い、10回混ぜる。

11 6回めは10秒に10回の速さでゆっくり混ぜる。

12 ムラングがほぼ混ざったら、残り全部を一度に加えて、途中で1回ボウルの内側を払って、ムラングがみえなくなるまでゆっくり混ぜる(k)。

仕上げ　　　　　　　　　　　　　　　　　　　　　　　　Finition

Ingrédients

| 適量 | ココア |

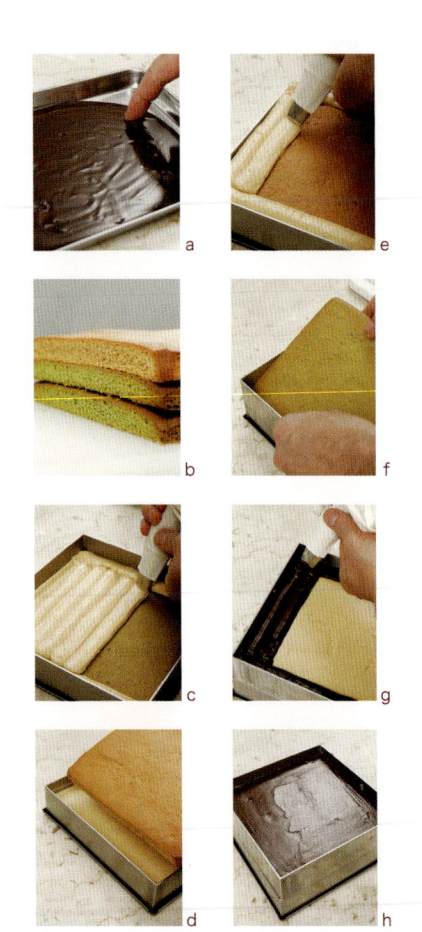

1. ガナッシュは使う15〜20分前に約25℃のところにだし、テリがでて軽く指が入るくらいやわらかくなるまでもどしておく(**a**)。

2. 3枚の生地をキャドルに合わせて波刃包丁で切りそろえる(**b**)。ビスキュイ・オ・テ・ヴェールの1枚は上面を上にして、キャルトンを敷いたキャドルに入れる。3枚とも冷蔵庫で冷やしておく。

3. ムース・プラリネ・オザマンドゥを平口金をつけた絞り袋に入れ、2に⅓量を少し厚めに絞り(**c**)、ごく軽く平らにならす。

4. ビスキュイ・オ・キャフェを上面を上にしてのせ(**d**)、ムースを⅓量絞って(**e**)ならす。

5. キャドルをもう1個重ね、ビスキュイ・オ・テ・ヴェールを上面を上にしてのせる(**f**)。
   このお菓子は高さがあるので、キャドルを2つ使って組み立てたほうが作業しやすいです。

6. 3段めのムースを⅓量絞り、ごく軽く平らにならす。それほどていねいにする必要はない。

7. 冷凍庫で5分ほど冷やして表面のムースを固める。

8. **1**のガナッシュを平口金をつけた絞り袋に入れ、手早く絞る(**g**)。かなり厚くなる。手早くきれいにならす(**h**)。
   ガナッシュはけっして混ぜずに、そのまま絞り袋に入れます。ムースの冷たさでガナッシュがかたくなってくるので、手早く数少なくならします。また、ムースがほどよく冷えて固まっていないと、ガナッシュをならす時に下のムースが動いたりはみだしたりしてしまいます。

9. 冷凍庫で冷やし固める。

10. キャドルをガスバーナーで軽く温めてはずす。茶こしでココアをふる。

ラ・フュージョン 融合
La fusion

このお菓子はちょっと趣きが違います。
軽さの極みのビスキュイとムースですが
チョコレートが全体のイメージに対して重しとなり、
力を持った意識の流れが生まれます。
食べごろの温度は20℃。
18cm角×高さ5.5~6cmが1台できます。
3cm×9cmにカットして12個分。

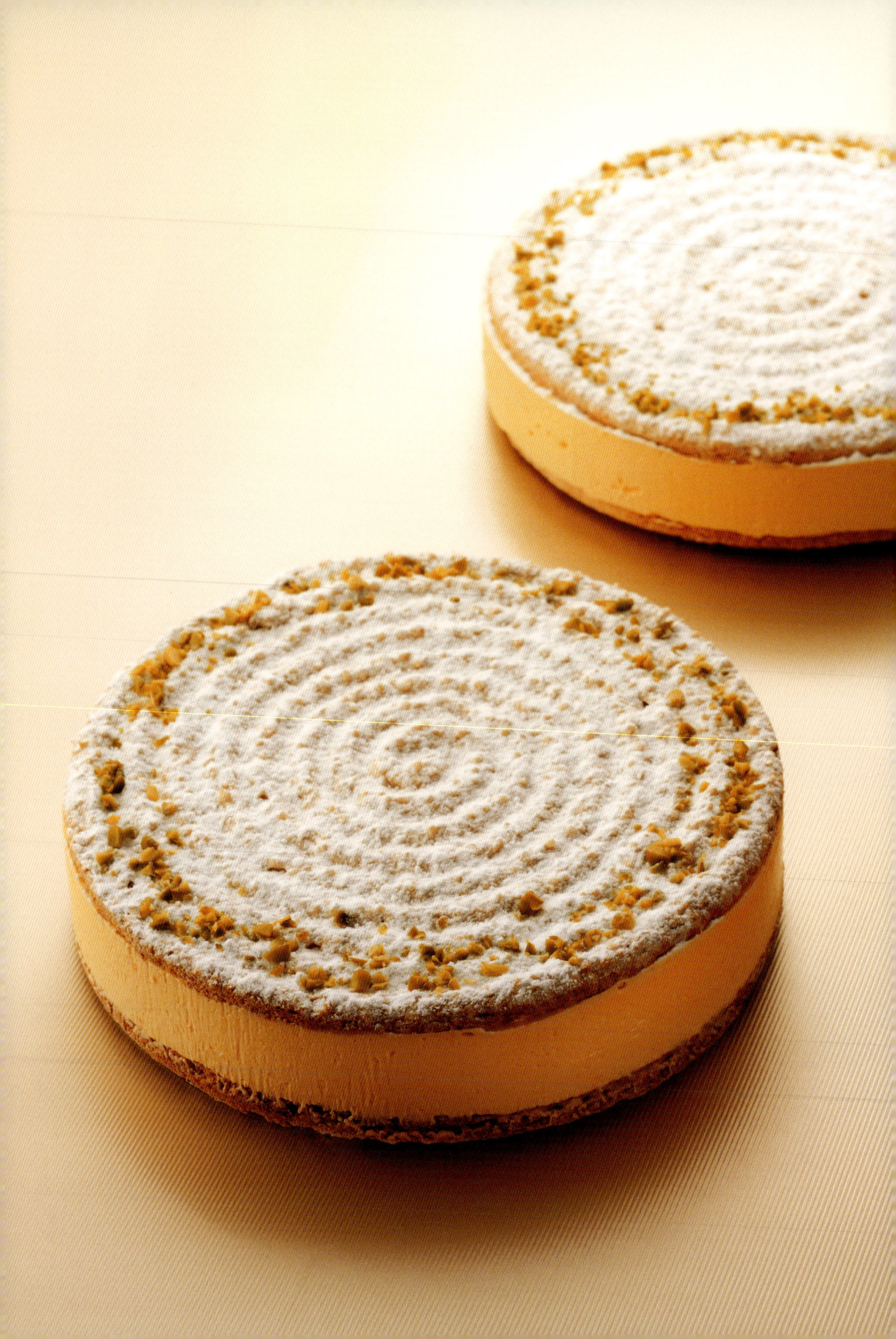

パリのパティスリー「ジャン・ミエ」での最初の研修では、お菓子の半分はおいしさがわからず、不可解なものばかりでした。このトゥリアノンに使っているリカールも最たるいまいましい飲み物でした。パティシエの一人が1年間の兵役につくため、辞める日にリカールをお礼にと持って来たのです。それが食事のアペリティフとなりました。私にとってはとんでもなく不可解で不快極まりないものでした。口に含んだとたんに、まったく覚えのない香りと味わいとしつこいだけの甘さが頭を襲いました。「何だこれは？」吐きださずにはいられない感覚でした。でも差し入れて

トゥリアノン
Trianon

くれた彼の前ではそれはできません。感覚を押し殺して飲み込むことがすべてでした。このことは、ある意味で私の精神とフランス的なものとのもっとも先鋭的なせめぎ合いだったように思えます。
　それ以来、ずっと私の心の片隅には"あのいまいましい飲み物"という思いがありました。日本に帰ってから5年で、菓子づくりの中で二つの価値観の確執は意識の中に沈み込み、私の日本人としての意識の境が崩れはじめることによって、いまいましい飲み物への腹立たしさは少し弱まり、二つの価値観の小さな融合へ至ったように思えます。2回めの渡仏、研修。ジャン・ミエで仕事がはじまってから半月は、毎日仕事が終わると、近くのキャフェでダブルでリカールを飲みました。1、2回は「飲むんだ！」という意識が必要でしたが、回数が重なると思わぬほど早く少しずつおいしさを感じ、10回もすると、ずっと以前から好きな飲み物であるような顔をした、すまし顔の自分がバールのカウンターにあったように思えます。けっこう懐っこいおいしさを感じました。人間の舌は意外に進取の心を持っていて、どんなにわからぬものでも、食べるという意識を持って食べれば、それまで少しもわからなかったおいしさもわかるようになるものなのです。

フォン・ドゥ・ダックワーズ   Fond de dacquoise

Ingrédients 直径18cm 2枚と直径16cm 1枚分

108 g	アーモンドパウダー
72 g	粉糖

ムラング・オルディネール
156 g	卵白
6 g	グラニュー糖 a
30 g	グラニュー糖 b

1 紙に直径18cmの円を2個と直径16cmの円を1個書く。これを天板に置き、その上にベーキングシートを敷く。
ダックワーズは砂糖が多く、焼きあがりに紙ではきれいにはがれないので、ベーキングシートかクッキングペーパーに絞ります。

2 アーモンドパウダーと粉糖は合わせてふるう。気温が25℃以上の時は冷蔵庫で冷やしておく。
暑い時季はアーモンドから脂肪分がにじみでてムラングの泡が消えやすくなるので、かならず冷蔵庫で冷やしておく。

3 ムラング・オルディネールをつくる。深大ボウルに入れて冷やしておいた卵白とグラニュー糖 a を、ハンドミキサー（ビーター2本）の速度2番で1分→3番で2分泡立て、グラニュー糖 b を加えてさらに1分泡立てる（**a**）。
アーモンドパウダーと粉糖が多めに入るため、泡がつぶれて生地の量が減りやすいので、2回めのグラニュー糖を多めに加えて砂糖の粘りで泡を強くします。グラニュー糖の量が多くなるとムラングの気泡量は抑えられて泡が少なくなりますが、ダックワーズの泡は混ざりやすさと強さが必要なので問題ありません。

4 *3* に *2* を5～6回に分けて加え、エキュモワールで少しゆっくりめに混ぜていく（**b**）（**c**）。80％混ざったら次を加え、全部入れて80％ほど混ざったら、ボウルの内側をゴムべらで払い、30回ほど混ぜる。
混ぜ終わった状態はなめらかです。流れるほどやわらかくなく、しっかりとしたかたさがあります（**d**）。

5 口径10mmの丸口金をつけた絞り袋に入れ、*1* にうず巻き状に絞る（**e**）。

6 直径18cmの生地2枚にグラシエール（粉糖入れ）で粉糖をふる（**f**）。
直径16cmの生地にはあとで両面にポンシュをビショビショに打つので、粉糖をかけて焼くと砂糖で膜ができてシロップの吸収が遅くなるため、粉糖はふりません。

7 オーブンで焼く。［電子レンジオーブン：予熱200℃／直径16cmは180℃で18分、直径18cmは180℃で25分］［ガス高速オーブン：予熱180℃／直径16cmは160℃で18分、直径18cmは180℃で12分→160℃に下げてさらに13分］

8 直径16cmの生地はやわらかめに焼きあげる。直径18cmの生地は17〜18分たってだいたい焼けたところで、一度オーブンからだし、天板にのせたままセルクルを強く押しあてて直径18cmにきれいにぬく（**g**）。

完全に焼いてからではかたくてぬく時に割れてしまうので、焼成の途中でぬきます。

9 表面と底に明るいキツネ色がつき、ほぼカリカリになるまで焼く。慣れないうちは生地の中心をプティクトーで少しとり、1分ほど冷ましてから噛んでみてパリッとしていればよい。網にのせて冷ます（**h**）。

このお菓子にはパリッとした焼き具合が一番おいしいと思います。同じ生地でもほかのお菓子に使う場合はもっと浅めに、もっともっとやわらかく焼きあげる場合もあります。

パイナップルのシロップ漬け

Ananas macéré

日本に輸入されるパイナップルはあまりにも早摘みされ、日本に着いてからも熟成が進まず、香り、味ともに弱く、時には何の味も感じられないこともあります。そのままではお菓子には使えません。そんなパイナップルでもシロップとキルシュ酒に漬けるとおいしさがかなりでてきますが、最低1週間は漬け込まないといけません。キルシュ酒は生のフルーツの味を生かしてくれます。

Ingrédients

¼個	パイナップル
175g	グラニュー糖
135g	水
16g	レモン汁
7g	キルシュ酒

1 パイナップルは上下を切り落とし、縦に4等分にカットし、トゲが少し残るくらいに薄めに皮をむく。プティクトーか皮むき器の先端でトゲをひとつずつとる（**a**）。

トゲごと皮をむくと身が小さくなってしまいます。

2 芯をとり、厚さ2cmほどに切る。ボウルに入れる。

3 グラニュー糖と水を鍋に入れて沸騰させる。沸騰したら、すぐに**2**に入れる（**b**）。

4 シロップがだいたい冷めたら、レモン汁とキルシュ酒を加えて混ぜ、密閉容器に入れる。表面が乾かないようにフキンをぴったりかぶせてから（**c**）フタをし、冷蔵庫で最低1週間漬け込む。

パイナップルは酵素を含んでいるので、漬け込んでから10日以上たつと冷蔵していても発酵することがあります。10日ほどで使い切らない場合は、パイナップルを汁ごと軽く沸騰させると発酵を防げます。

ガルニチュール　　　　　　　　　　　　　　　　　　　　　Garniture

Ingrédients
150 g	パイナップルのシロップ漬け
5 g	リカール
5 g	レモン汁

1 パイナップルのシロップ漬けを1.5cm角に切り、リカールとレモン汁に2時間漬ける（**a**）。

2時間以上漬けると、リカールの香りの印象が薄れます。缶詰のパイナップルは味がとても薄いので、かならず自家製のシロップ漬けしたパイナップルを使います。

ポンシュ　　　　　　　　　　　　　　　　　　　　　　　　Punch

Ingrédients　　1台に約35g使用する
33 g	パイナップルのシロップ漬けのシロップ
3.3 g	リカール
1.7 g	レモン汁

1 材料すべてを混ぜ合わせる。

ムース・オ・リカール

Mousse au Ricard

パータ・ボンブを使ったバターのムースです。このお菓子は1回めの渡仏（1979年）から帰ってきてすぐにできたものですが、当時はパータ・ボンブを使ったムースはフランスでもみかけませんでした。

Ingrédients

- 124g　バター
- 15g　卵黄 a
- 15g　リカール
- 10g　レモン汁

パータ・ボンブ
- 37g　グラニュー糖
- 23g　水
- 82g　卵黄 b

1　バターのアパレイユをつくる。バターをやわらかめのポマード状にし、卵黄 a を加えてホイッパーで十分に混ぜる【円】。

2　リカールとレモン汁を合わせ、1に8回に分けて加える（a）。バターをあまり泡立てずに混ぜていくので、かなり混ざりにくい。混ざってからさらに20回ほどしっかり混ぜてから次を加えていく。

3　5～6回めを混ぜたくらいから、バターの表面に水分がでてきてバターがボウルにつかなくなり、混ざりにくくなるので、弱火にボウルの底を1秒ほどあてて少しだけ溶かして混ぜやすくする。すべてを入れ終わってからさらによく混ぜる（b）。

4　パータ・ボンブをつくる（→P158）。
量が多くてボウルの底がみえないので、ホイッパーの跡が深くついて十分にもったりとするまで加熱し、火からおろして30秒ほど【円】で混ぜ、余熱でとろみを十分につける（c）。

5　3のボウルの底を弱火にほんの2、3秒あてて少し溶かして、50回ほどよく混ぜる【円】【すくいあげ】。これをくり返してバターを少しずつやわらかくする。
溶けていない部分で、溶けた部分をしっかり包むようなイメージで混ぜていきます。こうするとバターのつながりがよく、混ぜる時にバターの層が切れて分離するのを防ぎます。テリがでて、ボウルをゆすると大きく動きますが、ホイッパーの跡はそれほど沈まないくらいのやわらかさにします（d）。ムラング・イタリエンヌを使ったバターのムース（P12「ルーロー・オ・キャフェ」など）より少しだけかためです。

6　4の温度調整したパータ・ボンブを5回に分けて加える。1回めはホイッパーで強くよく混ぜる【すくいあげ】。

7　2回めを加え、木べらに持ちかえて強めに手早く混ぜ（e）、パータ・ボンブがほぼみえなくなったら、ボウルの内側をゴムべらで払い、さらに20回混ぜる【90度】。
パータ・ボンブの場合、木べらでは常に手早く混ぜます。

8　同様にあと3回くり返し、手早く混ぜる。混ぜ終わった時はなめらかな状態（f）。

| 仕上げ | Finition |

Ingrédients
適量　粉糖
適量　ピスターシュ

1 直径18cmのフォン・ドゥ・ダックワーズ1枚は粉糖をふった面を下にして、キャルトンを敷いたセルクルに入れる。

2 直径16cmのフォン・ドゥ・ダックワーズにポンシュを打つ。まず裏面にたっぷりと打ってしばらくおいて染み込ませてから、裏返して上面にも打つ。ビショビショになるくらいたっぷりと(**a**)。*1*とともに冷蔵庫に入れておく。

3 ムース・オ・リカールを口径13mmの丸口金をつけた絞り袋に入れ、半量を*1*の縁と中央に薄くうず巻き状に絞る(**b**)。パレットナイフでセルクルの縁までムースをすりあげる(**c**)。中央は軽くならす。

4 ガルニチュールを入れる(**d**)。

5 *2*の直径16cmのフォン・ドゥ・ダックワーズを上面を上にして入れて強めに押す(**e**)。

6 残りのムースを絞り、軽く平らにする。

7 直径18cmのもう1枚のフォン・ドゥ・ダックワーズを粉糖をふった面を上にしてのせる(**f**)。冷凍庫で冷やし固める。

8 セルクルをガスバーナーで軽く温めてはずす。グラシエール(粉糖入れ)で粉糖をふり、刻んだピスターシュをちらす。

トゥリアノン
Trianon

パータ・ボンブを使ったバターのムースのお菓子ですが、
酸味豊かなパイナップルが入っているので、
少し低めの温度（15℃ほど）のほうが、清々しいパイナップルの味わいが
少し屈折したアニスの香りと素直に懐かしく重なります。
直径18cm×高さ4cmが1台できます。冷凍保存可能。

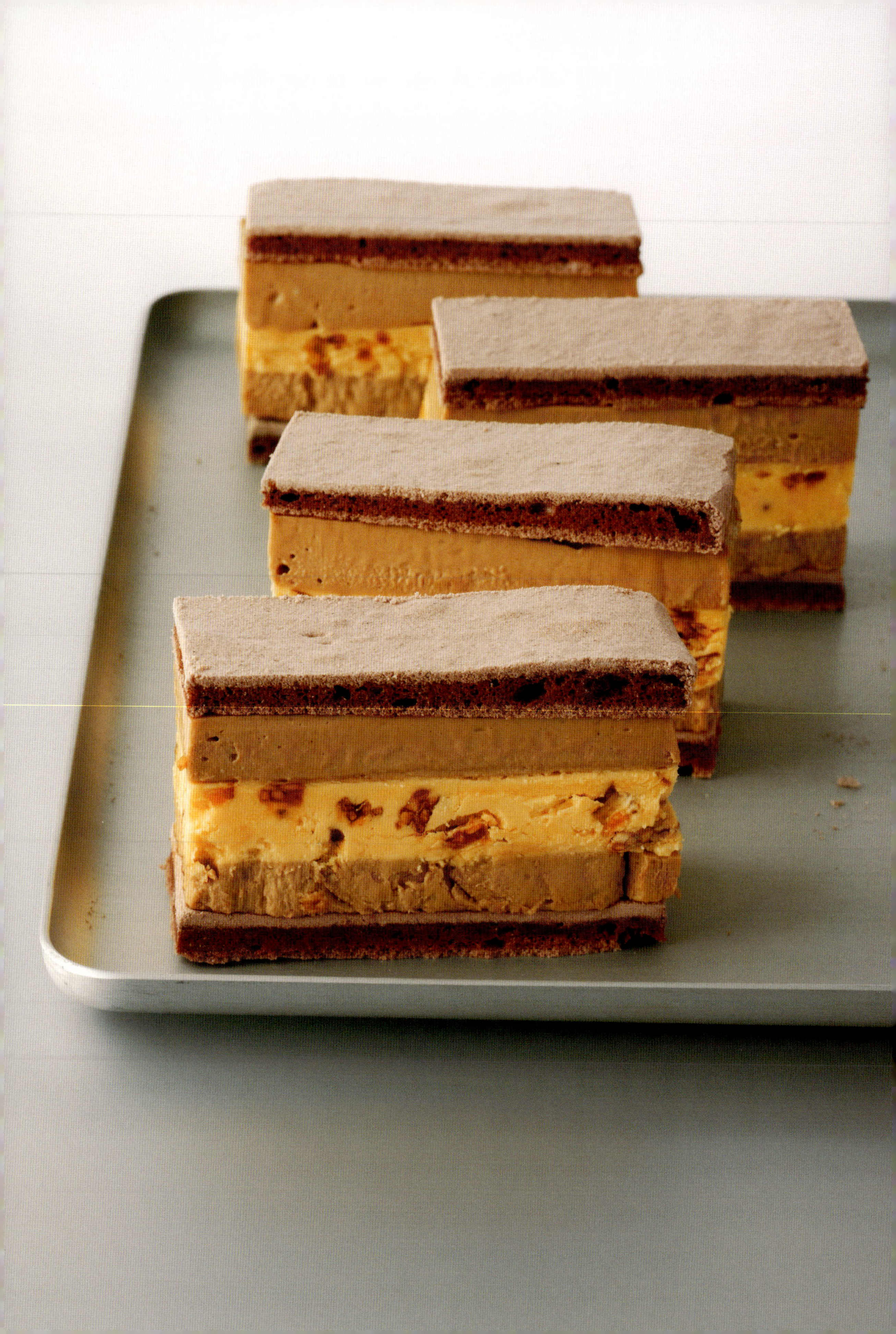

このお菓子ははじめからはっきりした全体のイメージを持って試作を重ねたわけではありません。なんとなくココアのムラング・セッシュとプラリネのお菓子をつくってみようと思いました。ココアとプラリネは誰でも思いつく組み合わせです。でも試作の中で、自分がつくるお菓子に私の心は動きませんでした。ムラングのトーンの高い歯触りに対して、それに負けないようにプラリネのトーンを高める術を、私はその時まだ持っていませんでした。何かを新たに加えなければならない。それも今までの習慣にはないものを。

ショコラのムラングとパインとプラリネの甘さの中での意外な翻り
Meringue sèche à l'ananas et au praliné

　そしてパインの味わいがこのお菓子に加わりました。それを口にした時、私の意識の流れがひらりと身をかわすように動きました。プラリネとパインの組み合わせは普通ではないのです。
　8、9年が過ぎて、「イル・プルーの一年」(年に一度の新作発表会)でふたたびこのお菓子をつくることになりました。久しぶりにつくり食べ、そしてこの組み立ての力強さに驚き、逃げるように、もっと穏やかにつくり変えてデモンストレーションに臨みました。何人かの方がその変化に失望されました。私の心は年とともに萎えようとしていたのです。でもこの方たちのまっすぐな苦言が、もう一度自分の心を離れたところから見させてくれたのでした。

ムラング・セッシュ・オ・ショコラ

Meringue sèche au chocolat

このお菓子は各パートゥが少量なので2台分でつくります。

Ingrédients 18cm角4枚分（1台に2枚使用）

- 139g　粉糖
- 25g　ココア

ムラング・オルディネール
- 139g　卵白
- 35g　グラニュー糖a
- 104g　グラニュー糖b

1. 18cm角の正方形のシャブロン（すり込み用の厚さ7mmのぬき型。厚さ7mmのポリスチレンボードをカッターでくりぬいてつくる）をベーキングシートにのせておく。
   ムラング・セッシュは砂糖が多く、紙では焼きあがってからきれいにはがれないので、ベーキングシートかクッキングペーパーに絞ります。

2. 粉糖とココアは合わせて2回ふるう。

3. ムラング・オルディネールをつくる。深大ボウルに入れて冷やしておいた卵白とグラニュー糖aを、ハンドミキサー（ビーター2本）の速度2番で1分→3番で1分40秒、グラニュー糖bを加えてさらに30秒泡立てる（**a**）。
   ムラング・セッシュは比較的低温で長い時間をかけて焼きます。柱となる粉類などが入っていないので、高い温度で加熱して膨れてしまうとすぐにぺちゃんとつぶれてしまうので、膨れないように100℃ほどの低温で焼きます。表面はすぐに乾燥しますが、中はドロドロの液状になってから固まるまで時間がかかります。ムラングが弱いと固まるまでに泡が消えて中が空洞になったり、カリカリとした軽い歯触りでなくガリガリになる傾向があります。そのため2回めに加えるグラニュー糖の量を多くして、その粘りで泡を強くします。

4. **3**に**2**を5~6回に分けて加え、エキュモワールでゆっくりめに混ぜる（**b**）。80％混ざったら次を加えて混ぜ、全部入れ終わったら、ボウルの内側をゴムべらで払い、さらに30回混ぜる（**c**）。砂糖の粘りでかなり重くなってくる。

5. **1**に入れてパレットナイフでならす（**d**）。シャブロンと生地の間にプティクトーの刃を入れて（**e**）はずす（**f**）。シャブロンがない場合は、紙に18cm角の正方形を書いてベーキングシートの下に敷き、口径7mmの丸口金をつけた絞り袋で口金と同じ太さで枠より少し大きめに横に絞る（**g**）。

6. ベーキングシートごと天板にのせ、オーブンで焼く。[電子レンジオーブン：予熱150℃／130℃で1時間][ガス高速オーブン：予熱130℃／110℃で1時間]　薄く焼き色がつき、中心がカリカリになるまで焼く。網にのせて冷ます（**h**）。
   慣れないうちは中心をプティクトーで少しとり、1分ほど冷ましてから噛んでみてカリッとしていればよい焼きあがりです。ネチッとしていたらまだ焼けていないのでさらに焼いてください。ぺちゃんとしていたり、ひびが入るのはよくない焼きあがりです。

7. 波刃包丁でキャドルに合わせて四辺を切りそろえる。
   ビニール袋を二重にして乾燥剤を入れ、口を輪ゴムで2回しっかりとめて空気が入らないようにすると、常温で半月ほど保存が可能です。

ヌガー　　　　　　　　　　　　　　　　　　　　　　　　　Nougat

Ingrédients　2台分

10g	水飴
100g	グラニュー糖
40g	アーモンド（16割）

1　板の上にベーキングシートをのせておく。
　　板の上にヌガーを流すと、すぐに冷えて固まらず、のばしやすいです。

2　銅ボウルに水飴とグラニュー糖を入れ、弱～中火にかける。グラニュー糖が溶けるまでは木べらでよく混ぜながら加熱する。次第に薄く色づき、さらに濃さが増してくる。まわりから煙とともに泡が立ちはじめ、中央まで泡が立ったところで（**a**）火をとめる。

3　すぐにアーモンドを加えてよく混ぜる（**b**）。

4　すぐに **1** に流し、上にベーキングシートをもう1枚かぶせ、麺棒で1～2mm厚さに薄くのばし（**c**）、そのまま置く。
　　余熱でキャラメルがすぐに黒くなるので、手早くします。

5　冷めて固まったら、手で3～5mm角に砕く（**d**）。

黒いキャラメル　　　　　　　　　　　　　　　　　　　Caramel foncé

しっかりと黒いキャラメルをつくり、お菓子全体にコントラストを与えます。

Ingrédients　2台分

100g	グラニュー糖
30g	水 a
50g	水 b

1　銅ボウルにグラニュー糖と水aを入れてスプーンで混ぜてから、弱火で加熱する。沸騰して少したつと薄い色がついてくる。次第に黄色くなり、さらに赤みを帯びてきたら火を少し弱くする。スプーンで色を確認しながらさらに煮詰める。

2　黒ずんだ赤色になってきたら（**a**）、水bを加えて混ぜ、火をとめる（**b**）。冷ます。
　　このキャラメルは前もってつくりおきしておきます。水bはキャラメルがすぐにババロアに溶けるよう、やわらかくするために加えます。

ムース・ア・ラナナ・エ・オ・キャラメル　　　Mousse à l'ananas et au caramel

Ingrédients　18cm角のキャドル2台分

- 9.3g　マール酒
- 0.2g　クエン酸
- 240g　バター
- 78g　卵黄
- 124g　コンパウンド・パイン
  （パイナップルの香りと味のエッセンス）
- 1.9g　バニラエッセンス（25滴）

キャラメルのムラング・イタリエンヌ
- 51g　グラニュー糖a
- 17g　水
- 4g　黒いキャラメル
- 30g　卵白
- 5g　グラニュー糖b
- 3g　乾燥卵白

- 115g　ヌガー

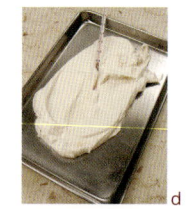

1　キャドル2個の底にラップを貼り、バットにのせて冷蔵庫で冷やしておく。

2　バターのアパレイユをつくる。マール酒にクエン酸を溶かしておく（2〜3分で溶ける）。
全体に少し酸味がほしいのですが、レモン汁では水分が多くなってムースが分離しやすくなるのでクエン酸を使います。

3　バターをやわらかめのポマード状にし、卵黄を2回に分けて加えてホイッパーで50回ずつ混ぜる【円】。
このやわらかめの状態を維持しながら混ぜたいので、かたくなったら、まめにボウルの底を弱火にほんの1秒ほどあて、バターを少しだけ溶かして混ざりやすくします。

4　3にコンパウンド・パインを3回に分けて加えて（a）50回ずつ混ぜ、2とバニラエッセンスを加えて混ぜる。

5　キャラメルのムラング・イタリエンヌをつくる。手つき鍋（小）にグラニュー糖a、水、黒いキャラメルを入れて（b）スプーンでよく混ぜる。水を含ませたハケで鍋の内側についたグラニュー糖を中にもどし、火にかける。

6　沸騰しかかったらよく混ぜて、ハケで5と同様にし、温度計を底につけた状態で119℃まで煮詰める。

7　以下は→P156「ムラング・イタリエンヌ」4〜7と同様にする（c）。

8　59gとってバットにのばし、11でバターが溶けても固まらない25℃前後（20〜30℃）に調整する（d）。

9　4のボウルの底を弱火にほんの2、3秒あてて少し溶かして、50回ほどよく混ぜる【円】【すくいあげ】。これをくり返してバターを少しずつやわらかくする。
溶けていない部分で、溶けた部分をしっかり包むようなイメージで混ぜていきます。こうするとバターのつながりがよく、混ぜる時にバターの層が切れて分離するのを防ぎます。テリがでてかなりトロトロした状態で、ボウルをゆすると大きく動き、ホイッパーの跡が大きく沈んで少ししか残らないくらいやわらかくします（e）。

10　ヌガーを加えて混ぜる（f）。

11　8のムラング・イタリエンヌを3等分して加えていく。1回めを加え、木べらで【90度】で10秒に15回の速さで手早く混ぜる（g）。ムラングがほとんどみえなくなったら、ボウルの内側をゴムべらで払い、さらに20回混ぜる。
これはムラングの量が少ないので3回に分けて加えれば大丈夫です。

12 2回めを加え、少しゆっくり10秒に12回の速さで混ぜる。ムラングがほとんどみえなくなったらボウルの内側を払い、10回ほど混ぜる。

13 3回めを加えて10秒に6〜7回のかなりゆっくりした速度で混ぜる。途中でボウルの内側を払って混ぜ、だいたい混ざればよい。
混ぜすぎるとムラングがつぶれて分離し、冷やすとベットリして不快なざらつきがでてしまいます。

14 *1*に流し入れて平らにならす（h）。冷凍庫で冷やし固める。
あまり長時間冷凍庫に入れると、かたくなりすぎて切れないので注意してください。

ババロアズ・プラリネ   Bavaroise pralinée

Ingrédients　18cm角のキャドル2台分

502 g	生クリーム（乳脂肪分42%）
46.7 g	フォンドニュートラル
23 g	グラニュー糖 a
2.6 g	粉ゼラチン
13 g	水

クレーム・アングレーズ
121 g	牛乳
42 g	卵黄
31 g	グラニュー糖 b

23 g	黒いキャラメル
1/3 g	ジャンドゥーヤ
2.3 g	バニラエッセンス（30滴）

1 生クリームを8分立てに泡立てて、冷蔵庫で冷やしておく。

2 フォンドニュートラルとグラニュー糖aをよく混ぜる。

3 粉ゼラチンを水でふやかしておく。
ババロアが歯触りのしっかりした「ムラング・セッシュ」と「バターのムース（ムース・ア・ラナナ・エ・オ・キャラメル）」にはさまれる組み立てなので、これらに負けないようにゼラチンにフォンドニュートラルを加えて、もったりさせると同時にしっかりした舌触りを与えます。

4 クレーム・アングレーズをつくり（→ P159 *1〜5*）、熱いうちにすぐに*3*のゼラチンと*2*を加え、ホイッパーで手早くよく混ぜて溶かす。裏漉しする。

5 *4*が熱いうちに黒いキャラメル（a）、ジャンドゥーヤ、バニラエッセンスを加えてよく混ぜる。

6 ボウルを氷水にあて、ホイッパーで手早く底をこすりながら、かたまりができないように26℃まで冷ます（b）。かなりネチッとしてくる（c）。
通常ババロアは18℃まで冷やしますが、フォンドニュートラルやジャンドゥーヤが入るため、18℃ではかたくなりすぎて、目にみえない部分でババロアと生クリームが細かく混ざり合わないので、ここでは26℃にします。

Meringue sèche à l'ananas et au praliné

7　1の生クリームをひとすくい加えて手早く力強く均一に混ぜ【円】【すくいあげ】、全体をのびやすくする。

8　残りの半量の生クリームを加え、7と同様に80％ほどまで混ぜる(d)。すぐに残りの生クリームを加えて同様に手早く混ぜ、下から上がってくるクレームの色が上と同じになったら、生クリームの入っていた冷たいボウルに移す(e)。ボウルを移すことで、まだ混ざっていない下部分を表面に返します。

9　ホイッパーを立てて手早く10回混ぜる(f)。

仕上げ　　　　　　　　　　　　　　　　　　　　　　Finition

1　18cm角のキャドルの底にラップを貼り、天板に置く。ババロアズ・プラリネを口径10mmの丸口金をつけた絞り袋に入れて半量絞り(a)、平らにする。

2　凍らせたムース・ア・ラナナ・エ・オ・キャラメルのキャドルをガスバーナーで軽く温めてはずし、1にのせる(b)。

3　残りのババロアズ・プラリネを絞って(c)平らにする。冷凍庫に入れる。
すぐに仕上げない場合はここで冷凍保存します。

4　ムラング・セッシュを出刃包丁で幅7.5cmに2本、幅3cmに1本切り分ける。幅7.5cmのもの2本はさらに幅3cm(各6個)に切り分ける。幅3cmのものは長さ7.5cmで2つに切り分ける。つまり1台で3cm×7.5cmが14枚、3cm×3cmが1枚とれる(d)。
まずプティクトーで筋をつけてから、波刃包丁で数回軽く引くと割れずに切れます。

5　3を4と同様にカットする。

6　5のそれぞれの上と底に4のムラング・セッシュをつける。

ショコラのムラングと
パインとプラリネの
甘さの中での意外な翳り
Meringue sèche à l'ananas et au praliné

軽さを持って上方に向かうムラング・セッシュの歯触り。
重さに引かれ下に向かうプラリネとパインの歯触り。
でも上方に向かおうとする味わい、出会いと別れ、少しの切なさがあります。
食べごろの温度は15℃。冷たすぎてはおいしくありません。
このお菓子はこのくらいの温度のほうが全体の統一感がでます。
3cm × 7.5cmのサイズで14個分できます。

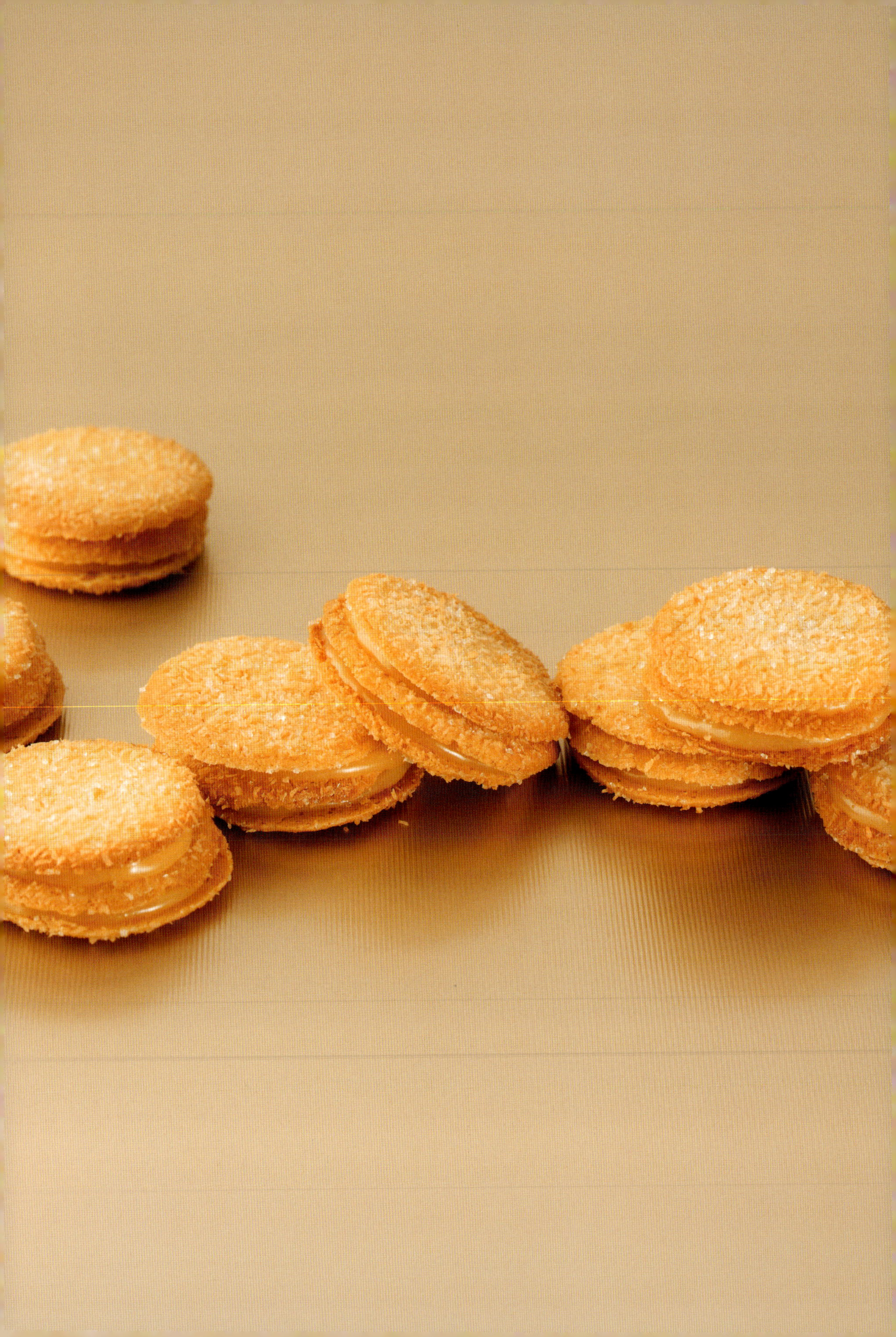

レモンの小さなざわめき
Palets au citron léger

　小気味いい食感のサブレ・ア・ロランジュとクレーム・オ・シトゥロンを積み重ねたプティ・ガトー。
　このお菓子は題のようなイメージのものをはじめからつくろうとしたのではありません。はっきりしない、これに近いイメージはありました。とりあえずそのイメージにしたがってつくりはじめました。試作の中で、新たにでてきた印象的な部分を、次の試作でさらに印象的にする。こんな過程の中で、何回かの試作を経て、私の心のある部分にぴったりと重なり合うおいしさが生まれたのです。そして、ぴったりと重なり合う部分を、心の動きを、私なりの言葉で表わしたのです。
　レモンの香り、酸味にも豊かな心があります。レモンの表情の機微は、実は私たちの心の機微の歴史なのです。レモンを見つめる人の心が豊かな感情を持てば、レモンも豊かな感情を持ちます。
　今までさまざまな趣を持った味わいのレモンのお菓子をつくりました。そのすべては私の心がレモンに映ったものなのです。

サブレ・ア・ロランジュ　　　　Sablé à l'orange

Ingrédients　約75枚分（約25個分）

225 g	バター
120 g	粉糖
1.1 g	ビタミンC（粉末）
75 g	卵黄
7 g	コンパウンド・オレンジ
0.9 g	バニラエッセンス（12滴）
225 g	薄力粉
約100 g	ココナッツファイン
約30 g	シュクルクリスタル

1　P160「パートゥ・シュクレ」*1~3*と同様にする（ただしベーキングパウダーは入らない）。
　　砂糖が多いためにカリンとしたかたい歯触りになるので、それをやわらげるために少し泡立てるように、例外として10秒に20回の速さで少し手早く混ぜます。

2　粉糖とビタミンCを合わせる。これを*1*に5回に分けて加えて木べらで混ぜる【平行だ円】。

3　卵黄を2回に分けて加え、同様に混ぜる。

4　コンパウンド・オレンジとバニラエッセンスを加えて混ぜる。直径21cmのボウルに移す。

5　「パートゥ・シュクレ」*7~12*と同様にする。

6　生地を150gとり、麺棒で少し強めに叩いてのばし、のしやすいかたさにする（**a**）。できるだけきれいな長方形にのす。
　　生地はけっして手でもまないように。手でもむと生地の中に深く浸透しているバターがでてきて、焼成中にもれてしまいます。

7　1cmほどの厚さになったら、台に生地よりもひと回り大きなサイズの紙を敷いて手粉を軽くふり、ここに生地を置いてさらにのす（**b**）。少しのしたら、生地の表面に手粉を軽くふり、紙をもう1枚かぶせる（**c**）。紙ごと裏返し（**d**）、上になった紙をはがし、生地の表面に手粉をふってさらにのす。これを数回くり返して厚さ3mmにのす。
　　この生地はやわらかくてくっつきやすいので、よく冷やした板かマーブル台の上に紙を敷くと、のしやすくなります。それでもすぐにやわらかくなるので、手早く作業してください。

8　生地と台の粉をハケで払う。冷凍庫で5分くらい冷やし固める。

9　直径5.5cmの丸ぬき型に軽く手粉をつけてぬき、冷凍庫で冷やしておいたバットに並べる（**e**）。
　　形が崩れない程度に固まってからぬきます。

10　冷凍庫に2~3分入れてしっかりかたくする。

11 ココナッツファインをバットに入れる。生地の上面に十分に霧を吹き、ココナッツファインを軽く押してつける(**f**)。天板に並べる。

12 シュクルクリスタルをひとつまみずつふりかける(**g**)。
さまざまな歯触りをさらに重ねて、多重感をだします。

13 オーブンで明るいキツネ色に焼く(**h**)。[電子レンジオーブン：予熱200℃／180℃で12分][ガス高速オーブン：予熱170℃／150℃で12分]
焼き色を濃くつけると、新鮮なレモンの味わいが邪魔されてしまいます。

クレーム・オ・シトゥロン　　　　　　　　　　　　　Crème au citron

Ingrédients

75g	全卵
140g	グラニュー糖
100g	レモン汁
1個分	すりおろしたレモンの皮
50g	溶かしバター
180g	ホワイトチョコレート （イヴォワール・カカオ分約31％）
5〜10滴	レモンエッセンス（竹串の先で）

1 ガラスボウルに全卵を入れ、グラニュー糖を2回に分けて加え、ホイッパーからサーッと落ちるくらいまでほぐす。

2 レモン汁を3回に分けて加え(**a**)、それぞれ50回ずつ十分に混ぜる【円】。すりおろした皮も加えて混ぜる。
皮をすりおろす時は、手にあまり力を入れずに表面の黄色のところだけをすりおろします。白い部分まですると苦味がでてきます。

3 溶かしバター(約40℃)を5回に分けて加え(**b**)、それぞれ40回ずつ混ぜる。ここではバターは完全に混ざらずに表面に浮いているがかまわない。
加熱してとろみがついてくるにしたがって、バターは完全に混ざります。

Palets au citron léger | 043

4 ガス台に石綿をおき、**3**を弱火で60〜70℃に保ちながら、木べらでたえずゆっくり軽く底をこすって30分加熱する（**c**）。

ちょっと面倒ですが、これは30分加熱しないことには深い味わいは得られません。レモンの皮から成分が抽出され、加熱する前とはまったく違ったレモンの深い味わいがでてきます。湯煎ではこの香りはでません。

5 30分たったら（**d**）、火からおろしてホイッパーに持ちかえ、すぐに刻んだホワイトチョコレートを加えて（**e**）【円】でよく混ぜる（**f**）（**g**）。レモンエッセンスを加える。

6 バットに流し、表面が乾燥しないようにラップをぴったりと貼りつける（**h**）。室温（20℃）で20℃ほどに冷ます。

仕上げ　　　　　　　　　　　　　　　　　　　　　　Finition

1 クレーム・オ・シトゥロンを口径7mmの丸口金をつけた絞り袋に入れる（**a**）。

2 サブレ・ア・ロランジュの1枚めはココナッツファインのついている面を下にして置き、縁を3mmほど残して**1**を薄めにうず巻き状に10gずつ絞る（**b**）。

軍手をして絞ると、手から伝わる体温でクレームが温まるのを防げます。

3 2枚めのサブレをココナッツファインのついている面を上にして重ねる（**c**）。**2**と同様にクレームを絞る（**d**）。

4 3枚めのサブレを**3**と同様に重ねる（**e**）。

044

レモンの小さなざわめき
Palets au citron léger

ほろりとしたサブレ生地と甘酸っぱいクレーム・オ・シトゥロン。
ちょっと切ないけれど幸せな思い出に涙したレモンです。
食べごろの温度は19〜20℃。
クレームがあたたかすぎると油っぽさが感じられてしまいます。
直径5.5cm大が約25個できます。

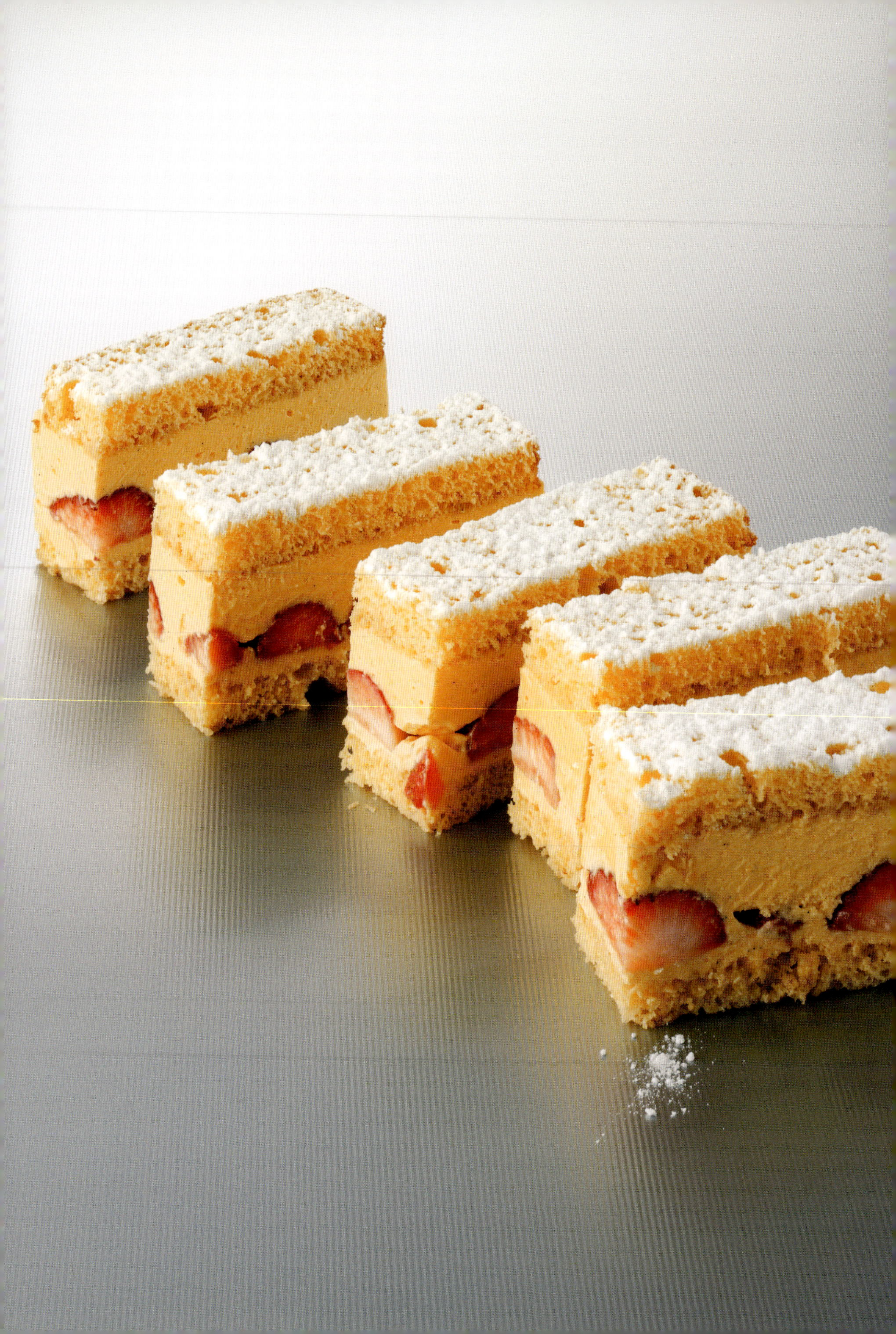

これはフランスの伝統的なお菓子を私なりにつくったものです。
　もともとはクレーム・パティスィエールに少し多めのバターを混ぜただけの、シンプルでおいしいクレーム・ムースリーヌを使います。しかし日本の素材では同じようにやっても、フランスでのおいしさを再現することはできません。クレーム・パティスィエールにバターの代わりに生クリームを加えたとしても、やはり物足りなさが先立ちます。そこで砂糖が少ない、気泡量の多いパータ・ボンブを加え、卵黄によって軽さとより一層の味の幅を与えようと思いました。

フレーズィエ
Fraisier

　またフランスでは、緑色に着色して薄くのし、網状に切ったパートゥ・ダマンドゥをかぶせます。でも私は限りなく広いフランス菓子の領域の中で、たったひとつ、このパートゥ・ダマンドゥの仕上げが大嫌いなのです。砂糖のシャリシャリした歯触りが、どのようにしても今でもなじめません。
　だから同じ仕上げはしません。仕上げは表面に粉糖をふっただけです。ビスキュイ・オザマンドゥに小さく刻んだスライスアーモンドとアーモンドパウダーを加え、自分の心に合った印象の歯触りにしました。
　このフレーズィエの苺には少しも華やかなものはありません。でも訥々と私の心を見つめながら、今はもうほぼ意識の表から沈み込もうとしている、いつの頃か、自分を淋しく見つめることがすべてだった日々の思いに触ろうとしています。

ビスキュイ・オザマンドゥ Biscuit aux amandes

フレーズィエのために食感、味わいを変化させました。ミルクパウダーは生地の味わいにあたたかさを与えるために、刻んだスライスアーモンドは歯触りに楽しさとリズム感を与えるために加えます。しっとりとした存在感を与えるためにバターは多めです。

Ingrédients 18cm角のキャドル1台分

- 18g　薄力粉
- 46g　コーンスターチ
- 12g　ミルクパウダー（乳脂肪分26％）
- 12g　スライスアーモンド
- 66g　粉糖
- 76g　ローマジパン
- 36g　全卵
- 64g　卵黄

ムラング・オルディネール
- 76g　卵白
- 16g　グラニュー糖

- 23g　溶かしバター

1　天板に紙を敷き、キャドルを置く。

2　薄力粉とコーンスターチを合わせてふるい、ミルクパウダーを軽く手で混ぜる。

3　スライスアーモンドは5mm角ほどに刻み、2と軽く混ぜる。

4　P98「野菜のテリーヌ」のビスキュイ・オザマンドゥ 3〜7 と同様にする。

5　3を5〜6回に分けて加え、エキュモワールで10秒に12回の速さで混ぜる（a）（b）。80％混ざったら、次を加えていく。最後の粉が80％混ざったら、ボウルの内側を払う。

6　溶かしバター（約40℃）を3回に分けて加える（c）。80％混ざったら次を加え、最後のバターが80％混ざったらボウルの内側を払い、さらに30回ゆっくりと混ぜる（d）。

7　1に低いところから静かに入れる。ゴムべらで中央を低くする（e）。ていねいにならす必要はない。

8　オーブンで焼く。［電子レンジオーブン：予熱190℃／170℃で45分］［ガス高速オーブン：予熱180℃／160℃で40〜45分］　表面の焼き色は黒色の入らない濃いキツネ色に焼く（f）。

厚みがあるので、焼き時間は長めになります。この生地はやわらかさと、刻んだスライスアーモンドとの歯触りのコントラストをだしたいので、けっして高すぎない温度で十分に浮かせてやわらかく、そして表面がほぼ平らになり、しっかりとした感触がでてくるまで焼くことが大事です。

9　網にのせて冷ます。冷めたらキャドルをはずす。

苺のリキュール漬け　　　　　　　　　　　　　　　　　　　　Fraises macérées

日本の苺は味わいが単一です。一見しっかりした味や香りがあるように思えますが、ほかの素材と交わると味わいが弱められてしまうので、味わいを強調するために漬け込みます。漬け汁はポンシュとして使いますが、残った漬け汁にフレーズリキュールとマール酒各適量をたすと漬け込みに再利用できます。

Ingrédients

約400g	苺（大粒約17個）
100g	フレーズリキュール
30g	マール酒
適量	レモン汁

1. 苺を縦2つに切る。フレーズリキュール、マール酒、レモン汁をボウルに入れ、苺を1時間漬け込む（a）。味をみて酸味がたりなければレモン汁をたす。
漬け込み時間は厳守してください。長く漬けすぎると苺自体の味がなくなり、やわらかくなりすぎます。マール酒は苺に香りの膨らみを与えてくれます。

クレーム・パティシィエール　　　　　　　　　　　　　　　　Crème pâtissière

傷みやすいのでつくったその日にかならず使ってください。クレーム・パティシィエールを練る時には、とくに2つのことに注意しなければなりません。1つめはグルテンをだしすぎないこと。グルテンが多く形成されると、冷めてから重い粘りのある、とても悪い口溶けになります。日本で精製された小麦粉はフランスよりも細かく挽かれているので、グルテンの素となる蛋白質がより多く露出しているため、より多くのグルテンが形成されやすいのです。
2つめは牛乳や卵の水分を吸って糊化したデンプン粒子を傷つけないこと。傷つくと水っぽい糊のような粘りがでてきさます。デンプン粒子がより細かくなっていて、表面積がより大きいために、ホイッパーに多く触れてデンプン粒子が傷つきやすいのです。これら2点を防ぐには、ホイッパーは可能な限りゆっくり動かし、手数を少なく練りあげます。また、牛乳にできるだけ熱をためておき、できるだけ短時間で練り終えます。短時間であれば混ぜる手数も少なくてすみます。
日本の粉でつくる場合は、フランスの粉でつくる時よりも数倍気をつけなければなりません。牛乳の量が500g以下の場合は、すぐに練りあがるのでそれほど違いはありませんが、1リットル以上になると、これらのことに留意して練りあげないと仕上がりに大きな違いがでてきます。

Ingrédients

190g	牛乳
¼本	バニラ棒
57g	卵黄
38g	グラニュー糖
8.5g	薄力粉
10.5g	強力粉
9.5g	バター

1. 銅ボウルに牛乳を入れ、バニラ棒を2つにさいてプティクトーの背で種をとりだしてさやごと加え、火にかける。
2. 同時にボウルに卵黄とグラニュー糖を入れ、グラニュー糖が溶けて少し白っぽくなるまでホイッパーで【直線反復】で十分にほぐす（a）。
3. 2に合わせてふるった薄力粉と強力粉を加え、ホイッパーでボウルに沿ってゆっくりと円を描くように混ぜる（b）。10秒に10回くらいの速さで。粉がみえなくなったら、さらにゆっくり15回ほど混ぜる。

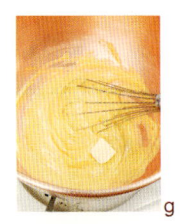

けっして必要以上に混ぜないでください。混ぜすぎるとグルテンが形成され、冷えると不快な重い粘りがでて口溶けが悪くなるとともに、卵黄やその他の素材のうまみを包み込んでしまい、舌に味がのらなくなります。ホイッパーは可能な限りゆっくり動かし、手数を少なく練りあげます。

4 *1* が中央まで軽く沸騰したら（**c**）火をとめ、バニラ棒をとりだす。
クレーム・パティスィエールは傷みやすいので、しっかり中央まで沸騰させます。

5 *3* に *4* の1/3量を加え（**d**）、ホイッパーでグルテンがでないようにゆっくり20回ほど混ぜる【すくいあげ】。
牛乳にできるだけ熱をためておいて、できるだけ短時間で手数を少なく練り終えます。

6 *4* の牛乳を再度沸騰直前まで加熱し、*5* をホイッパーで【円L】で軽くゆっくり混ぜながら加える（**e**）。
加えると同時に、余熱で部分的にかたまり（ダマ）ができても問題ありません。

7 強めの火にかけ、ホイッパーで練る。はじめは焦げつかない程度にできるだけゆっくりと混ぜる。銅ボウルのまわりのほうがかたくなりはじめたら、いくらか手早く混ぜる。ただし早すぎてもよくない。ほぼ全体が均一のかたさになってきたら、混ぜる速度を落とす。次第に沸騰したようになるが、ここで練るのをやめないでさらに15秒ほど練り続ける。
均一なかたさになったら、これ以後はずっとゆっくり練り混ぜます。手早く混ぜると糊化したデンプン粒子がホイッパーで傷つき、水っぽい糊のような不快な粘りがでてきます。

8 かたい状態から（**f**）、急にやわらかくなるので、ここで火からおろして混ぜるのをやめる。
慣れないと、あるいはつくる量が少ないと、このやわらかくなるところがわからないこともあります。その時はクレームがボウルからはずれるようになったところでやめます。

9 すぐにバターをちぎって3回に分けて加えて【円L】で混ぜる（**g**）。バターがみえなくなってから、ホイッパーでゆっくり30回くらい混ぜる。

10 大きめのボウルに移し、氷水にあてて30秒に1回ほどゆっくり混ぜながら20℃くらいまで冷ます。できあがりは、ボウルをゆするとクレームがブルンとゆれるくらいのかたさがよい（**h**）。表面が乾かないようにラップをかける。
この段階でも混ぜる回数を少なくすることが大事です。余計に混ぜるとデンプンから水分がもれてダラッとし、やわらかすぎてべたついた不快な糊のような舌触りになります。

クレーム・ムースリーヌ　　Crème mousseline

Ingrédients

- 260 g　クレーム・パティシエール
- 143 g　バター
- 6 g　レモン汁
- 26 g　キルシュ酒

パータ・ボンブ
- 37 g　グラニュー糖
- 31 g　水
- 73 g　卵黄

1 クレーム・パティシエールを木べらで力を入れて手早く、十分に均一になるまでほぐす【平行だ円】。

2 バターを少しだけやわらかめのポマード状にする。*1* に5回ほどに分けて加え、力を入れ、手早く強くそれぞれ70～80回混ぜる（**a**）。バターのテリが消え、しっかりした重さが手に感じられるほどに十分に混ぜてから次を加えていく。

3 バターを全部入れ終わったら、ボウルの底を弱火に1秒ほどあて、ホイッパーで混ぜて少しやわらかくしてから（**b**）、レモン汁を加えて混ぜる。

4 キルシュ酒を4回に分けて加え、強く混ぜる。1回加えるごとに *3* と同様にバターを溶かしてとにかくよく混ぜる。1～2回めはかなりホイッパーが重く感じるが、加熱しながら加えていくにしたがって、少しずつクリーミーにやわらかくなっていく。

ホイッパーが重たく感じる場合は加熱がたりません。4回めを混ぜ終わった時には、手首の力を抜いて混ぜてもあまり重さを感じず、きれいにクリーミー（**c**）になっていなければなりません。混ぜ方と加熱が不十分でクリーミーに乳化していないと、あとでパータ・ボンブを加える時に、パータ・ボンブの泡が消えて分離しやすくなります。

5 パータ・ボンブをつくる（→ P158・**d**）。バターが溶けてもかたまらない25℃前後（20～30℃）に調整する。

6 *4* を *3* と同様にしてバターをやわらかくする。ツヤがでて、ボウルをゆすると大きく動き、ホイッパーの跡が2/3の高さになるくらいまで少しずつ加熱してバターをやわらかくする（**e**）。

7 *5* の温度調整したパータ・ボンブを *6* に5回に分けて加え、木べらで【90度】で手早く勢いよく、完全にみえなくなるまで混ぜる（**f**）。ボウルの内側をゴムべらで払い、さらに20回混ぜる。あとの4回も同様にして混ぜる。混ぜ終わりはクリーミーな状態になっている（**g**）。

分離するとパータ・ボンブの泡が消えて、冷えると舌触りがざらつきます。ここではP77のムース・オ・マール（「トゥランシュ・シャンプノワーズ」）のパータ・ボンブよりも卵黄と水がかなり多く、より軽い気泡量のパータ・ボンブです。そのため泡は弱くつぶれやすいので注意してください。パータ・ボンブを加える回数を多くして、注意深く少しずつ混ぜていかないと、気泡がつぶれやすくなります。

ポンシュ　　　　　　　　　　　　　　　　　　　　　　　　　　　　Punch

苺のリキュール漬けの漬け汁をそのまま使います。

Ingrédients
56 g	苺のリキュール漬けの漬け汁

仕上げ　　　　　　　　　　　　　　　　　　　　　　　　　　　　Finition

Ingrédients
適量	粉糖

1　ビスキュイ・オザマンドゥの焼き面を波刃包丁で切りとる。裏返して下から厚さ1.2cmを2枚とる。

2　焼き面のあった生地の両面にごく軽くポンシュを打つ(**a**)。天板にのせてキャルトンを敷いた18cm角のキャドルに入れる。

3　もう1枚の生地の片面にポンシュを打ち、すぐに裏返す。**2**とともに冷蔵庫で十分に冷やしておく。
　シロップを打った面をそのまま上に向けておくと、シロップが下に落ちて反対側がぬれて、仕上げの粉糖が溶けてしまいます。

4　クレーム・ムースリーヌを口径13mmの丸口金をつけた絞り袋に入れ、**2**に厚さ2mmほどに絞り(**b**)、平らにならす。

5　苺のリキュール漬けを切り口を下にして交互に並べる(**c**)。

6　残りのクレーム・ムースリーヌを苺のすき間を埋めるように型いっぱいに絞る(**d**)。パレットナイフでキャドルの縁ですり切る(**e**)。

7　**3**をポンシュを打った面を下にしてのせる(**f**)。

8　表面が乾燥しないようにラップをピッタリとかける。冷蔵庫で約2時間冷やし固める。
　一度冷やして固め、食べる時にやわらかくします。仕込んだばかりのクレームのやわらかさは、油っぽく間の抜けた味と舌触りだからです。

9　キャドルをガスバーナーで軽く温めてはずし、グラシエール（粉糖入れ）で粉糖をたっぷりふる。
　冷凍保存は不可です。

フレーズィエ
Fraisier

優しく、引き込まれるような味わいが苺を包みます。
冷たすぎるとクレーム・パティスィエールの
優しく暖かい味わいが舌にのりません。
15℃くらいが食べごろ。クレームが少しやわらかくなりかけると
さらにソフトさに包まれた味わいが、早春の訪れを感じさせます。
18cm角が1台できます。3cm×9cmにカットして12個分。

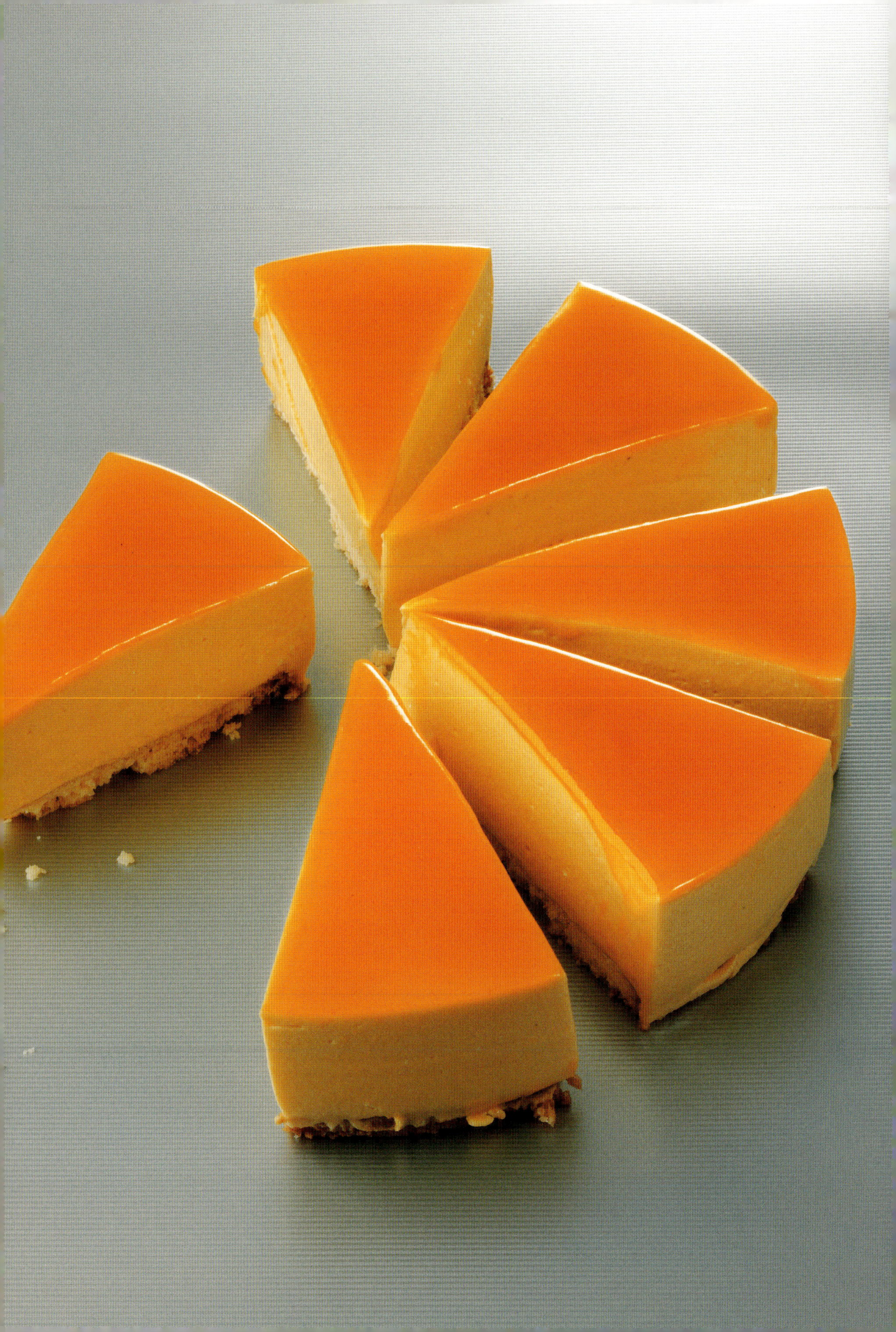

このお菓子の生地は1枚のサブレだけです。その上のムース・ア・ラ・マングーがお菓子の8割以上を占めます。このような比率はそうあるものではなく、これにバランスを与えようとすると、通常のビスキュイなどを使ったもの以上に難しくなってしまいます。普通は生地とムースの割合はおよそ4対6です。

　でもマンゴーとピエ・ダングロワ、サン・タンドレのなんともいえないふっくらと心に触れる、嘘のない実直で暖かい素材同士の高め合いをしっかりと感じてほしかったので、ほぼムースだけの組み立てになりました。

暖かく身を寄せ合う マンゴーとチーズ
Mangue et fromage

　ムースの中にビスキュイがある時と同じような、味わいのコントラストと多様性をつくらなければならない。しかしこれは大変でした。こんな風にまとまったのも、私の心のどこかに、自分の心の暖かさをうれしく思う自分がいたから、執拗にそのイメージを追い続けることができたのだと思います。

　ムースの中の素材同士の心の暖め合い、けっして自分を強くださすことがない、マンゴーとチーズの心のやりとりが私をふっくらとした膨らみで包んでくれました。私の経験の中でほぼ必然のもとに、生地は優しい思いやりに満ちた香りと味わいを与えてくれるサブレ・ア・ラ・ノワ・ドゥ・ココになりました。ムースの膨らみのある味に負けぬほどに全体のトーンを高めるために、生地は5mmと厚くなりました。

サブレ・ア・ラ・ノワ・ドゥ・ココ
Sablé à la noix de coco

この生地はここではお菓子の底に敷くために使っていますが、もともとはフール・セック（クッキー）としてつくったものです。フール・セックのつくり方はパートゥ・シュクレとまったく同じです。パートゥ・シュクレをよく理解してからつくると、よりよい状態にできあがります。少量ではつくりにくいため、生地は2台分でつくります。

Ingrédients
直径18cmのセルクル2台分（1台分は170g）

100g	バター
40g	粉糖
14g	卵黄
0.3g	バニラエッセンス（4滴）
100g	ココナッツファイン
100g	薄力粉（冷蔵庫で冷やしておく）

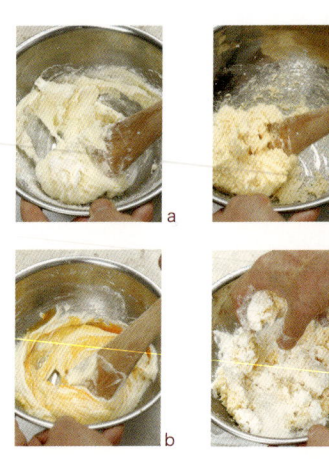

1 P160「パートゥ・シュクレ」*1~2*と同様にする。以下の詳しいポイントも参照に。

2 粉糖を5回に分けて加え、木べらで【平行だ円】で10秒に25回ほどの速さで100回ずつ手早く混ぜる（**a**）。10回混ぜるたびにバターを中央に集める。途中でボウルの内側をゴムべらで払う。

パートゥ・シュクレは10秒に16回の速さであまり空気を入れないように混ぜますが、この生地はココナッツファインが大量に入ってかたくなるので、例外的に手早く混ぜていきます。焼く時に生地からバターがもれださないように、バターはかための状態で混ぜていくので、木べらでなければ混ざりません。ホイッパーは使えません。バターがもれだすとサクサクの生地がガリガリの歯触りになってしまいます。

3 卵黄を一度に加えて同様に100回混ぜる（**b**）。十分混ざったらバニラエッセンスを加える。直径21cmのボウルに移す（**c**）。

かためのバターに卵や砂糖を加えていく時には小さめのボウルがよく混ざるので、ここで大きいボウルにかえます。

4 ココナッツファインを2回に分けて加えて混ぜる。1回めは木べらで【平行だ円】で手早く強い力で十分に混ぜ（**d**）、ココナッツファインがみえなくなってからさらに30回ほど混ぜる。

5 2回めは強い力ですりつぶすようにして、ココナッツファインがみえなくなるまで十分に混ぜる。

6 薄力粉の半量を加え、手でほぐしながら混ぜる（**e**）。
かたいので手で混ぜます。

7 粉がだいぶ混ざったら、生地を下からすくいあげて裏返し、押しつぶすようにして混ぜる（**f**）。ほぼ粉がみえなくなってきてから、さらに15回ほどくり返す。

8 粉の残り半量を加えて同様に混ぜ、粉がみえなくなってからさらに15回混ぜる。混ぜ終わりはベタッとした感じ（**g**）。

9 ビニール袋に入れて長方形に整える（**h**）。冷蔵庫で一晩やすませる。
翌日、遅くとも翌々日には成形します（成形後は冷凍保存可）。

10 生地を170gとり、角が正面にくるように置いて両面を叩いてやわらかさをだす（**i**）。厚さ5mmの板を両側に置き、丸くのばす（**j**）（→P162「パートゥ・シュクレ」*13~14* 参照）。

11 粉をハケで払い（**k**）、セルクルで生地をぬく（**l**）。

12 バットにベーキングシートを敷き、軽く霧を吹きかける（**m**）。11を置く（**n**）。冷蔵庫で冷やす。
のばしてすぐに焼くとバターがもれることがあるので、生地がやわらかくなっていない場合は15分、やわらかい場合は1時間冷蔵庫に入れてバターを生地の中に落ちつかせます。手粉がたくさんついた生地をそのまま焼くと、唇と舌へのサラサラした不快な感触が消えません。少しだけ水分を加えて加熱することで、粉が糊化して生地にくっつくのでサラサラした感触が消えます。

13 生地にセルクルをはめ、オーブンで表裏ともに浅めの明るいキツネ色に焼く（**o**）（**p**）。［電子レンジオーブン：予熱230℃／210℃で12分］［ガス高速オーブン：予熱200℃／180℃で10分］　セルクルをはずし、網の上で冷ます。
家庭用オーブンは下からの熱量が少ないので、かならず常温にもどしてからオーブンに入れます。常温にもどってから長い時間おいても生地からバターがもれだすので注意してください。この生地はバターに対して粉が少なく、焼成中に横に広がるので、セルクルをはめて焼きます。マンゴーとチーズの味わいを邪魔するので、濃い焼き色はつけません。

Mangue et fromage | 057

ムース・ア・ラ・マングー

Mousse à la mangue

通常はグラニュー糖と水のシロップを117℃まで煮詰めてムラングに加えますが、ここでは水の代わりに果汁を使います。フランスでは果汁のシロップでムラング・イタリエンヌをつくる理由は、ムラングに果実の色を加えてババロアやムースの色がよりきれいになるように、といわれています。私は違う目的で加えます。日本でつくられている素材(卵、バター、生クリーム、その他)は主題となる素材の個性を邪魔して弱めようとする力が働くので、できる限りのことをして素材の力を強めなくてはなりません。人間の舌、というか味覚は、実はそれほど鋭敏ではありません。ここではマンゴーが主題になります。マンゴーの違う表情をいくつか重ねると、私たちの舌は他愛もなくマンゴーそのものの味わいの感覚よりも、より強く印象的に感じるのです。

加熱してから加えるマンゴー・ピューレaは、グラニュー糖と一緒に117℃まで煮詰めてムラング・イタリエンヌに加えます。新鮮なマンゴーは消えますが、深い香りと味わいと力を持ったものになります。このように違った局面で、違った味わいのマンゴーを加え重ねると、人間の舌は深く力を持ったマンゴーを感じます。私はこの手法は素材の力の弱い、また主題となる素材をほかの素材が邪魔しようとする日本の素材を使ったお菓子づくりでは、とても大事なテクニックだと考えています。

加熱しないで加えるマンゴーピューレbとcは、ほかの素材とより深く混ざり合い、味わいが穏やかになりますが、マンゴーそのものの味わいは失われます。マンゴーピューレdは混ぜる工程の最後に加え、ほかの素材との混ざり具合は浅く、マンゴーそのものの味わいが直接的に感じられます。またマンゴーの味わいをより新鮮に印象的に感じさせるために、レモン汁とバニラエッセンスの香りでマンゴーの味わいを支えます。

Ingrédients

- 8g 粉ゼラチン
- 40g 水

マンゴーピューレのムラング・イタリエンヌ
- 57g グラニュー糖 a
- 18g マンゴーピューレ a
- 30g 卵白
- 5g グラニュー糖 b
- 3g 乾燥卵白

- 194g 生クリーム(乳脂肪分42%)
- 10g グラニュー糖 c
- 1.4g 安定剤
- 29g マンゴーピューレ b

- 65g ピエ・ダングロワ
- 26g サン・タンドレ
- 144g マンゴーピューレ c
- 8g グラニュー糖 d
- 0.4g バニラエッセンス a (5滴)
- 40g マンゴーピューレ d
- 7g レモン汁
- 0.15g バニラエッセンス b (2滴)

1 粉ゼラチンを水でふやかしておく。

2 マンゴーピューレのムラング・イタリエンヌをつくる(ポイントは→P156)。グラニュー糖aとマンゴーピューレaを手つき鍋(小)に入れてスプーンでよく混ぜ(a)(b)、水を含ませたハケで鍋の内側についたグラニュー糖を中にもどす。火にかけて加熱し、沸騰間際にもう一度よく混ぜる。果汁の入ったシロップは粘度が高く、沸騰してくると泡を吹く場合が多いので、温度計で手早く【円】で混ぜながら煮詰める(c)。

泡を吹くということは、シロップの粘りのために水蒸気が活発に逃げられないということです。水分が蒸発しなければ温度は上がらないので、温度計で手早く混ぜて泡をつぶすことで、水蒸気を効率よく逃がして温度を上げます。泡をつぶさないと煮詰めるのに時間がかかり、果汁が焦げて全体の味わいを損ねてしまいます。

3 手つき中ボウルに入れて冷やしておいた卵白とグラニュー糖b、乾燥卵白を、ハンドミキサー(ビーター1本)の速度2番で1分→3番で2分泡立てる。

通常は3番にしてから1分30秒泡立てますが、30秒長くして少しかために泡立てます。

4 シロップが119℃になったら、**3**のビーターが動いているところにヒモ状に流し入れる（**d**）。シロップの⅔量が入ってから30秒ゆっくり撹拌する（**e**）。

マンゴーの果汁には酵素が含まれていて卵白のタンパク質の繊維を分解するので、シロップを加えると、すぐにムラングはやわらかくなり、ムラングの量が少し減ります。一方、ほかの果汁のシロップでムラングをつくった場合は、果汁の酸で卵白のタンパク質繊維が凝固して、かたすぎるムラングになりやすいので、通常のようにシロップを加えてから1分撹拌すると混ざりの悪い、とてもかたすぎるムラングになってしまいます。果汁のシロップを使う場合は、撹拌時間を短くしないと、かたすぎる、あるいはやわらかすぎる悪いムラングになってしまいます。

5 60gとってバットにのばし（**f**）、0℃近くまで冷やす。

6 生クリームを泡立てる15分前にグラニュー糖cと安定剤を入れ、完全に溶かしておく。8分立てに泡立てて、冷蔵庫で冷やしておく。

7 よく冷やしておいた2種類のチーズ（**g**・手前がピエ・ダングロワ、奥がサン・タンドレ）を、皮のかたい部分だけプティクトーで薄くとり除き、目の細かいふるいで裏漉しする（**h**）（**i**）。さらにすりつぶすようにしてなめらかにする（夏は冷やしておいたボウルを使用する）。

ピエ・ダングロワとサン・タンドレを合わせたのは私の勝手なイメージです。2つのチーズはマンゴーの朴訥な味わいにそのまま合わせられる、少し控えめな膨らみのある香りを持っています。これらのチーズが手に入らない、あるいは原価が高くなりすぎる場合は、フランス産のカマンベールでも十分にマンゴーの味わいを押し上げてくれます。かなり力が必要ですが、最初にとにかくなめらかにしておかないと、ほかのものを加えてからではダマは消えず、均一になめらかにのびません。

8 **7**にマンゴーピューレcを加える。はじめはごく少量ずつ加え（**j**）、木べらですりつぶすようにしてなめらかにする。これを2～3回くり返して（**k**）ホイッパーで混ぜられるやわらかさにする。

ここがとても大事です。完全になめらかにしてから次を加えてください。急いで加えると、チーズが分離して口溶けが悪くなります。

9 十分やわらかくなったら、木べらをホイッパーに持ちかえ、残りのマンゴーピューレcを3～4回に分けて加えて混ぜ【円】、なめらかになったらグラニュー糖d、バニラエッセンスaを加えて混ぜる(**l**)。

10 *6*の生クリームにマンゴーピューレbを加えて(**m**)軽く混ぜる。

11 *1*のゼラチンを40～50℃の湯煎で溶かし、約45℃に調整する。

12 *11*を*9*にヒモ状に流し入れ、ホイッパーでとにかく手早く【円】で混ぜる(**n**)。

冷たいものにゼラチンを加える時は、溶かしたゼラチンの温度を正確に計り、とにかく手早く混ぜ込まないと、ゼラチンが細かく細かく網の目のように広がっていかず、固まり方が弱くなります。

13 すぐに*6*の生クリームを3回に分けて加える。加えるたびにとにかく手早く【円】と【すくいあげ】で混ぜる(**o**)。

冷たいチーズのアパレイユに触れているため、すでにゼラチンは固まりはじめています。ゼラチンの入ったアパレイユで細かく生クリームを包むために、とにかく手早く混ぜてください。

14 *5*のムラング・イタリエンヌを一度に加え(**p**)、あわてないでゆっくり混ぜる【拡散】。

15 ムラングが60～70％混ざって少しやわらかさがでてきたら、少しゆっくりめに【すくいあげ】で混ぜる。

通常は生クリームとムラングを前もって混ぜておいたほうが、ムラングがつぶれずにそれぞれの素材がよく混ざります。しかしここではゼラチンの入った冷たいアパレイユに生クリームを混ぜるので、かなり手早く混ぜなければ、目にみえない細かい部分まではよく混ざりません。ムラングをつぶさないように、最後に加えて混ぜます。

16 ムラングが80％混ざったら、マンゴーピューレd(**q**)、レモン汁とバニラエッセンスbを加えて混ぜる。

17 下から上がってくるムースの色がほぼ同じになったら、生クリームの入っていた冷たいボウルに移す(**r**)。

ボウルを移すことで、まだ混ざっていない下部分を表面に返します。

18 ホイッパーを立てて10秒に10回の速さで本当にゆっくり混ぜる(**s**)(**t**)。

ここで手早く混ぜてしまうと、ムラングはあっという間につぶれます。

ジュレ・ドゥ・マングー

Gelée de mangues

フランスではひとつのお菓子に1種類の酒、エッセンスしか使いません。なぜなら、さまざまの素材が主題となる素材に力を与え、助けてくれるので、それで十分なのです。日本の素材では同じようにはつくれません。もっとも主題となる素材の特性を、ほかの素材が消すように働いてしまうからです。そこでマンゴーの香りを強調するために、ホワイトラムは口に入れる前の新鮮な香り、バニラは口に入れる時の膨らみ、マール酒は後半の香りをそれぞれ担わせ、トーンの高いマンゴーの香りをつくって添えます。

Ingrédients

8 g	グラニュー糖
1.8 g	ジャムベース
113 g	マンゴーピューレ a
63 g	水飴
0.4 g	バニラエッセンス (5滴)
1.8 g	マール酒
1.5 g	ホワイトラム
14 g	マンゴーピューレ b
1.3 g	レモン汁

1　手つき鍋(小)にグラニュー糖、ジャムベースを入れてスプーンでよく混ぜる。混ぜながらマンゴーピューレ a を加え、水飴も加えて混ぜる(**a**)。

2　火にかけ、軽く沸騰したら(**b**)火をとめる。

3　目の細かいふるいで裏漉しする(**c**)。
マンゴーピューレにはタンパク質その他の成分を分解する酵素が含まれているため、ジュレをつくるとすぐにザラザラになってしまい、なめらかになりません。これをなくすために水飴を多めに入れてなめらかさをだします。しかし水飴が多すぎると舌につく、鈍くて不快な甘さがでてくるのでこの量が限度です。

4　氷水にあてて50〜60℃くらいに冷まし(**d**)、バニラエッセンス、マール酒、ホワイトラムを加えて混ぜる(**e**)。

5　使う前にマンゴーピューレ b とレモン汁を加え(**f**)、味わいをはっきりさせる。冷えてもトロッとしているので(**g**)そのままぬることができる。
密閉容器に入れて冷蔵庫で保存可能。

サブレ・ア・ラ・ノワ・ドゥ・ココにぬるチョコレート　　　Décoration

Ingrédients

適量　ホワイトチョコレート（イヴォワール・カカオ分約31％）

1　ホワイトチョコレートを溶かし、サブレの上面にハケで薄くぬる（**a**）。
　　サブレが湿気らないようにぬるだけなので、温度調整は必要ありません。

仕上げ　　　Finition

1　直径18cmのセルクルにキャルトンを敷き、ホワイトチョコレートをぬったサブレを入れる。冷蔵庫で冷やしておく。

2　*1*にムース・ア・ラ・マンゴーを流し（**a**）、パレットナイフでならす（**b**）。冷蔵庫で冷やし固める。

3　ジュレ・ドゥ・マンゴーを上面に流し（**c**）、パレットナイフでならす（**d**）。

4　セルクルをガスバーナーで軽く温めてはずす。
　　冷凍保存は不可です。

暖かく身を寄せ合う
マンゴーとチーズ
Mangue et fromage

少しの途切れもなく深く厚くむせかえるようなマンゴーの味わい。
チーズがその味わいを心のすべてで支えています。
食べごろの温度は 7~8℃。
あまり冷たいとチーズとマンゴーの暖かい交わりが感じられません。
直径 18cm が 1 台できます。

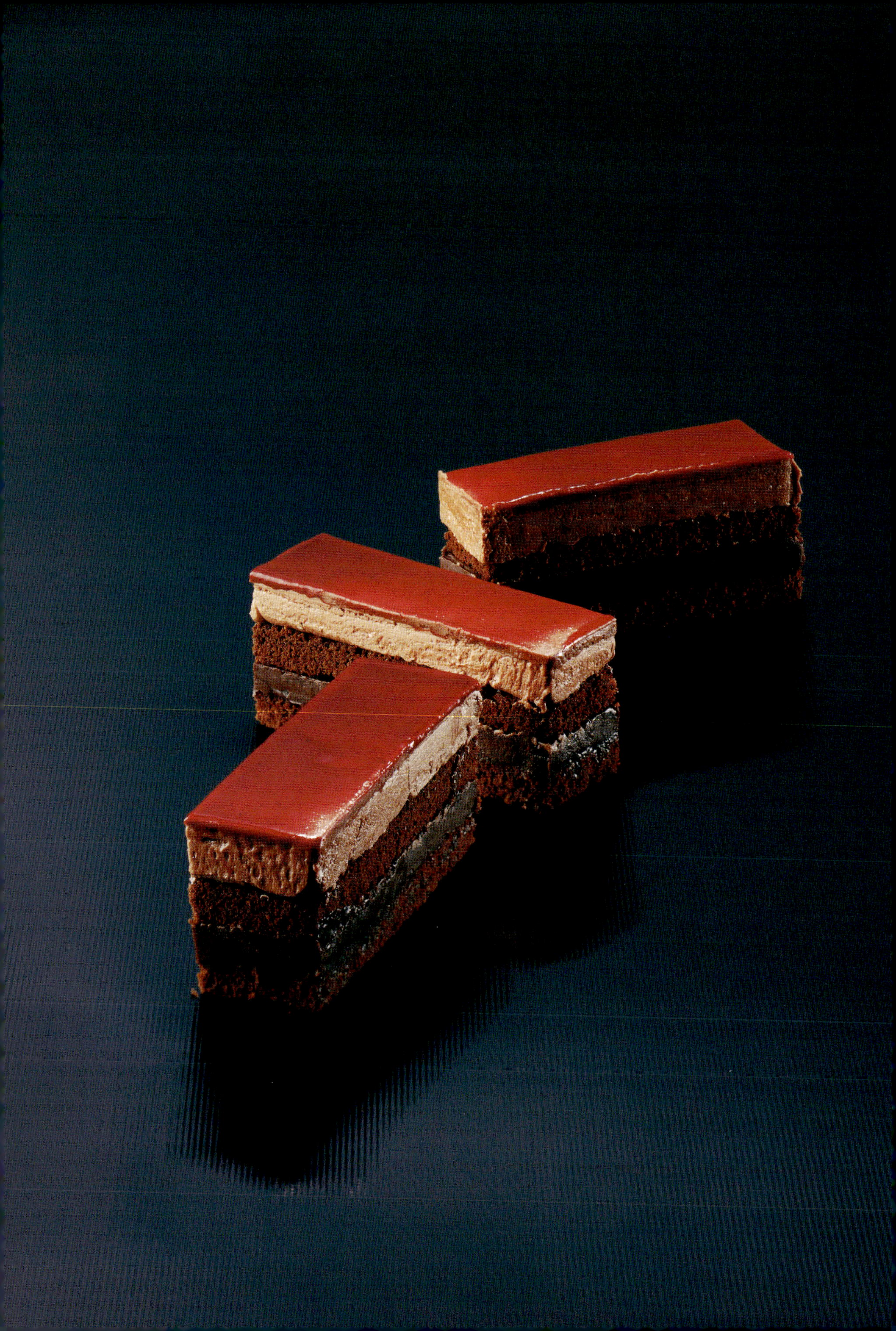

オリジナルのお菓子をつくりはじめた頃は、つたない語学力の中で、フランス語の名前を生真面目につけていました。そしてしばらくしてから、自分の心の中にある感情や憧れを、お菓子の味わいに表わすことを考え試みるようになりました。なぜかは今もよくわからないのですが、何の高ぶりもない流れでした。フランスという異なる世界が、ずっと意識の底にあった私の感情を揺り動かしたのかもしれません。
「ゴッホのようなバナナ」はゴッホの絵の黄色に重なりました。「ショコラのムラングとパインとプラリネの甘さの中での意外な翻

モネの水蓮
Nymphéas par Monet

り」は私の心の中の感情の動きのよろこびを表現しようとしました。「ラ・サーンドゥル（灰）」は子供の頃に火葬場で見た祖母の遺体の死のイメージでした。「早い春の陽だまり」は子供の頃、母とよく行った母の実家の田んぼに囲まれた山あいの村の春の陽でした。「不倫の味の一つ」は人をとらえて離さない背徳への衝動を表わそうとしました。そしてこの「モネの水蓮」がありました。
　今はゴッホが私の心の中にありますが、あの頃はモネに瞳を凝らしていました。「水蓮」の連作と、その後に続く晩節の「橋」の連作は強く必然の流れでつながっています。心の深層に沈み込もうとするモネの逡巡と不安が池や水の藍色の底に知らぬほどの深さに表われています。そして彼はやがて神がつくり給うた天与の才にのみ与えられた道として、義務として意識の中に果てなく沈んでいきます。無限の意識の時間の中で、モネの視線には形象がもはや何の意味も持たなくなるのです。形象は命の根源に触れ、偶然と悪意が形を成したものだと気づきはじめたように私には思えるのです。
　ショコラとカシス。あの池の水面の下にある、私を見据える藍色の深さをお菓子に表わせないかと考えました。

ビスキュイ・オ・ショコラ　　　　　　　　　　　　　　　　Biscuit au chocolat

ココアの重々しさとともに歯の先に日常的なものとは何か違う歯触りを与えようと思いました。今までのビスキュイ・オ・ショコラから比べるとココアとバターがかなり増しています（製作当時）。またムラングがとても少ない配合なので、ほろっとした食感になります。

Ingrédients　　18cm角のキャドル1台分

- 23g　コーンスターチ
- 30g　ココア
- 65g　粉糖
- 56g　ローマジパン
- 64g　全卵
- 40g　卵黄

ムラング・オルディネール
- 28g　卵白
- 5g　グラニュー糖

- 46g　溶かしバター

1. P91「プラリネとシナモンのプログレ」のビスキュイ・オ・ショコラ **1〜9** と同様にする（ただし溶かしバターの分量が多いので3〜4回に分けて加える）。

    通常のビスキュイ・オ・ショコラに比べると、ココアとバターが多く入りますので、生地の気泡はさらに消えやすく、また混ぜ終わったところではかなりやわらかめで流れるほどになります。とにかくゆっくり、バターを入れ終わってから20回ほど少なめに混ぜます。

2. オーブンで焼く。［電子レンジオーブン：予熱200℃／180℃で30分］［ガス高速オーブン：予熱190℃／170℃で30分］

    ココアが多く、どうしてもかために焼きあがる傾向がありますので、あまり長く焼かないようにしてください。表面がこんもりして最大限に浮き、さらに平らな感じになり、生地の中心を触ってみて手に軽い弾力が感じられるまで焼きます。

3. 網にのせて冷ます（**a**）。冷めたら、キャドルの縁に沿ってプティクトーを入れて生地をとりだす。

コンフィチュール・ダブリコ　　　　　　　　　　　　　　Confiture d'abricot

Ingrédients

- 85g　グラニュー糖
- 3.3g　ジャムベース
- 130g　アプリコットピューレ
- 25g　水飴

1. グラニュー糖とジャムベースをよく混ぜる（**a**）。
2. 手つき鍋にアプリコットピューレを入れ、**1**を加えてホイッパーで軽く混ぜる（**b**）。
3. 中火にかけ、沸騰してきたら火を少し弱くし、木べらで鍋の底を手早くこすり（**c**）、スプーンであくをとりながら煮詰める。

    かならず木べらで底をこすりながら加熱しないと、キャラメルが生成されて味わい、色ともに黒く濁ってきます。

4 沸騰してから1分～1分30秒ほど煮詰める。混ぜると鍋底がみえるようになり、木べらでジャムをたらしてみると、はじめはタラタラーと落ちていたのが、やがてタラ、タラーとジャムが落ちなくなるまで煮詰める（**d**）。

5 すぐにボウルに移し、水飴を加えて（**e**）混ぜる。粗熱をとる（**f**）。

水飴はジャムのツヤがでるように、また乾燥しないように加えます。水飴は沸騰するとすぐにキャラメルに変化しますので、かならず火をとめてから加えてください。水飴は100℃以下でも高温ではキャラメルが生成されるので、すぐにボウルに移して粗熱をとります。

6 ほぼ冷めたら、フタのある容器に移して保存する。

コンフィチュール・ドゥ・カシス　　　　　　　　　　　　Confiture de cassis

コンフィチュール・ダブリコとカシスピューレでコンフィテュール・ドゥ・カシスをつくります。

Ingrédients

60 g	カシスピューレ
39 g	グラニュー糖
1.5 g	ジャムベース
100 g	コンフィテュール・ダブリコ
10 g	カシスリキュール

1 手つき鍋にカシスピューレを入れ、グラニュー糖とジャムベースをよく混ぜ合わせてから加る。ホイッパーで均一にほぐしたコンフィテュール・ダブリコも加えて（**a**）軽く混ぜる。以降は「コンフィテュール・ダブリコ」3～4と同様にする（**b**）。

2 すぐにボウルに移し、氷水にあてて木べらで混ぜながら40～50℃まで冷まし（**c**）、カシスリキュールを加える（**d**）（**e**）。

Nymphéas par Monet | 067

ガナッシュ・カシス

Ganache cassis

Ingrédients

- 72 g　エバミルク
- 18 g　水飴
- 0.4 g　バニラ棒
- 134 g　スイートチョコレート
  （スーパー・ゲアキル・カカオ分約64％）
- 43 g　バター
- 30 g　カシスピューレ
- 20 g　カシスリキュール
- 0.8 g　バニラエッセンス（10滴）

1　鍋にエバミルク、バニラ棒、水飴を入れ、弱火で80℃まで加熱する（**a**）。バニラ棒をとりだす。

2　刻んだスイートチョコレートをボウルに入れ、1を一度に加えて（**b**）ホイッパーでよく混ぜ【円】、なめらかになってからさらに50回混ぜる（**c**）。

3　バターをやわらかめのポマード状にし、2に3回ほどに分けて加えてホイッパーで混ぜる（**d**）。加えるたびにバターがみえなくなってから30回ほど混ぜる。

4　カシスピューレ（**e**）、カシスリキュールを順に加えて30回ずつ混ぜ、バニラエッセンスを加えて混ぜる（**f**）。

5　バットに薄く広げ（**g**）、冷蔵庫で一度冷やし固める。
少しザラつきがありますが、これはカシスピューレが入っているためです。

6　使う15分ほど前に約25℃のところに置き、簡単に指が入るほどのやわらかさまでもどす（**h**）。全量（290g）使用する。
ガナッシュは混ぜ終わった時が、さまざまな成分が均一に混ざり合って一番おいしいので、この状態を崩さないように一度冷蔵庫で冷やし固め、使う少し前に室温でやわらかくしてから使います。

ムース・オ・ショコラ

Mousse au chocolat

Ingrédients

1個分		レモンの皮のすりおろし
2つまみ		グラニュー糖 a
	62 g	バター
	8 g	卵黄
	44 g	スイートチョコレート
		（スーパー・ゲアキル・カカオ分約64%）
	22 g	カシスリキュール
	10 g	レモン汁
	1.3 g	バニラエッセンス（17滴）

カシスピューレのムラング・イタリエンヌ
- 30 g　卵白
- 5 g　グラニュー糖 b
- 3 g　乾燥卵白
- 60 g　グラニュー糖 c
- 20 g　カシスピューレ

1. 台上でレモンの皮とグラニュー糖 a と合わせ、パレットナイフ（小）で水分がでてくるまですり合わせる（a）。
    レモンの皮をすりおろす時は、手に力を加えないで表面の薄く黄色い部分だけをすってください。白い部分が入ると苦味がでます。グラニュー糖がヤスリのような役割をして、皮からレモンの香りの成分をよくだします。

2. バターをやわらかめのポマード状にし、卵黄を加えてホイッパーで50回ほどよく混ぜる【円】。

3. 刻んだスイートチョコレートを50℃ほどの湯煎で溶かし、30℃以下に温度を下げる。

4. 3を2に2回に分けて加え、それぞれ50回混ぜる（b）。
    バターに対してチョコレートの量が多いので、チョコレートの温度を30℃以下にしてから加えないと、バターがトロトロに溶けすぎてムラングと混ぜる時に分離しやすくなります。

5. カシスリキュールを3回、レモン汁を2回に分けて加え、それぞれ50回ずつ混ぜる。
    ホイッパーで混ぜる手が重く感じ、混ざりにくくなったら、ボウルの底をごく弱火に数秒あててバター少しを溶かすと（c）、混ざりがよくなります。

6. 1とバニラエッセンスを加えてよく混ぜる（d）。

7. カシスピューレでムラング・イタリエンヌをつくる（→P58「マンゴーとチーズ」のムース・ア・ラ・マンゴー **2〜4** と同様にする）。72gとってバットにのばし（e）、バターが溶けても固まらない25℃前後（20〜30℃）に調整する。
    ムラングの温度が高いと、その熱でバターが溶けだして泡が消えてしまいます。冷たすぎるとバターが固まってムラングと混ざらないため、泡がつぶれて分離します。そのためムラング・イタリエンヌは25℃前後に調整します。

8. 7のムラング・イタリエンヌをゴムべらでおよそ9等分する。これを1/9量ずつ 6 に加えていく。1〜2回めはホイッパーでムラングのザラッとした感じが残るほどに【円】と【すくいあげ】で軽く混ぜる（f）。

9. 3〜4回めは木べらで【90度】で手早く混ぜる（g）。ムラングがほぼみえなくなったら、ボウルの内側をゴムべらで払い、さらに20回ずつ混ぜる。

10. 5回めは少しゆっくりめに混ぜる。ムラングがみえなくなったらボウルの内側を払い、さらに10回ほど混ぜる。

11. 6回めを加え、10秒に10回の速さでゆっくり混ぜる。

12. ほぼ混ざったら、残りを一度に加え、途中1回ボウルの内側を払い、ムラングがみえなくなるまでゆっくり混ぜる（h）。

Nymphéas par Monet | 069

ポンシュ　　　　　　　　　　　　　　　　　　　　　　　　　Punch

Ingrédients
25 g	カシスリキュール

仕上げ　　　　　　　　　　　　　　　　　　　　　　　　　Finition

Ingrédients
100 g	コンフィテュール・ドゥ・カシス
80 g	コンフィテュール・ドゥ・カシス
15 g	カシスリキュール

1　生地の焼き面を切りとり、裏返して下から厚さ1cmを2枚とる。

2　1枚は底面にポンシュを軽く打ち、コンフィテュール・ドゥ・カシス50gをぬり、天板にのせてキャルトンを敷いた18cm角のキャドルに入れる。もう1枚もポンシュを軽く打ち（a）、コンフィテュール50gをぬる（b）。ともに冷蔵庫で冷やしておく（c）。

3　ガナッシュを平口金をつけた絞り袋に入れて2に絞り（d）、軽く平らにする。
ガナッシュはけっして混ぜないでそのまま絞り袋に入れます。やわらかい状態で混ぜると、分離して固まってザラつきがでます。

4　もう1枚の生地をコンフィテュールをぬった面を上にしてのせる（e）。

5　ムース・オ・ショコラを口径10mmの丸口金をつけた絞り袋に入れて絞り（f）、パレットナイフでキャドルの縁で平らにすり切る。冷蔵庫で冷やし固める。
冷凍保存する場合はここで冷凍庫へ入れます。

6　コンフィテュール・ドゥ・カシスとカシスリキュールを混ぜる。

7　6を5に流してパレットナイフでならす（g）。

8　キャドルをガスバーナーで軽く温めてはずす。

モネの水蓮
Nymphéas par Monet

チョコレートとカシスが織りなす意識の深遠の世界、
あなたは何を感じたでしょうか。
食べごろの温度は15℃。
あまり冷たい温度では表面のジュレの味わいが浮いてしまいます。
18cm角が1台できます。3cm×9cmにカットして12個分。

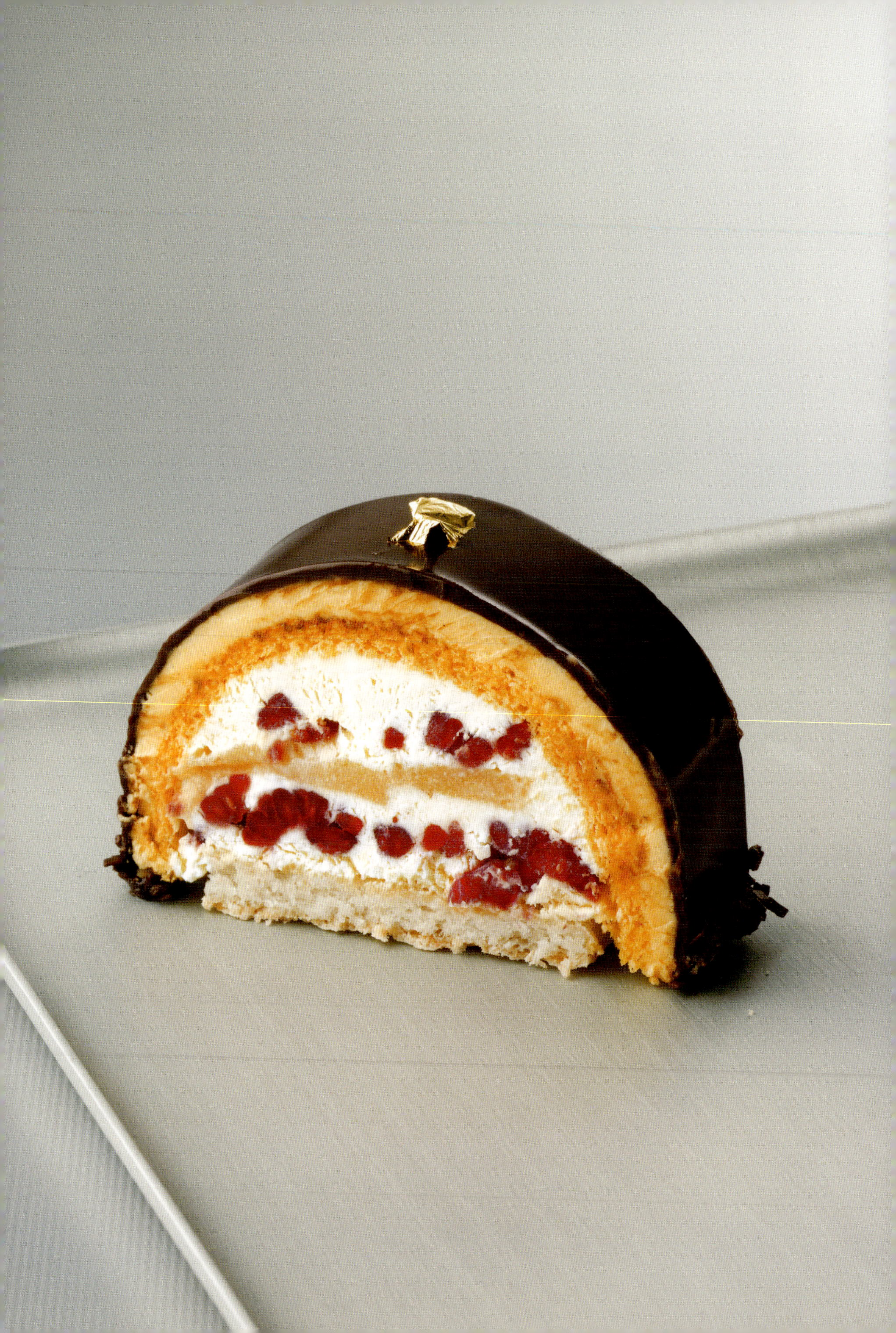

小さく切ったシャンパンの香りのお菓子です。ムース・オ・シャンパーニュの中にはフランボワーズとマール酒に漬けた白桃をちりばめ、ダックワーズをのせてさらにムース・オ・マールを絞り、ガナッシュ・ア・グラッセで仕上げます。

　このお菓子はドゥニ・リュッフェル（パリのパティスリー「ジャン・ミエ」オーナーシェフであり、イル・プルー・シュル・ラ・セーヌの顧問シェフ）の初期の講習会でつくられたオリジナルで、彼とフランスのヌーベル・パティスリーの絶頂期のお菓子のひとつです。彼のお菓子と料理は少しも年月に負けず、常にまばゆい光

トゥランシュ・シャンプノワーズ
Tranche champenoise

を放ち続けるのです。

　このお菓子を二度めの渡仏でジャン・ミエではじめて食べた時、日本人の精神的習慣ではなかなか到達しがたい、お菓子全体を包む茫洋とした朗らかなバランスに圧倒されました。本当に懐かしい、少しの奇をてらうこともない、静かな心休まるおいしさでした。

　ちっぽけな、抑揚も広がりもないおいしさにすがりついている自分を知ったのは、まさにこの時でした。大きく、より大きく、いつか自分のつくるひとつのお菓子の中に雄大な大西洋とピレネーの山々を見ることができれば、と思いはじめたのもやはりこの時でした。

ガルニチュール　　　　　　　　　　　　　　　　　　　　　　　Garniture

2日前に準備しておきます。

Ingrédients
長さ24.5cm×幅8cm×高さ5.5cmのトヨ型2本分

4個	白桃（サンヨー缶詰・半割）
適量	マール酒

1　白桃を厚さ6〜7mmに切り、マール酒をやっとひたひたになるくらいまで注ぐ。冷蔵庫で2日ほど漬け込む。

　　マール酒を入れすぎると白桃の味わいが弱くなるので注意してください。漬け込んだマール酒もポンシュとして使います。

ジェノワーズ・ムースリーヌ　　　　　　　　　　　　　Génoise mousseline

このジェノワーズの生地はまったく変則的な配合であり、卵に対して粉の量がきわめて少なく、卵のしなやかさを強調したものです。生地だけを食べればとりたてていうことはないですが、確かにお菓子全体の味わいの中では、このしっとりした食感はしっかりした役割を担っています。

Ingrédients　　18cm角の浅天板2枚分

7.5g	薄力粉
7.5g	強力粉
15g	コーンスターチ
81g	全卵
30g	卵黄
38g	グラニュー糖
11g	溶かしバター

1　天板に紙を敷く。天板より少し大きめの紙も用意する。

2　薄力粉、強力粉、コーンスターチは合わせてふるう。

3　深大ボウルに全卵、卵黄、グラニュー糖を入れて弱火にかけ、ホイッパーで混ぜながら35℃まで加熱する。

　　この生地は粉がきわめて少ないので、気泡量の多少にかかわらず一度厚く浮きますが、その後沈んで薄く焼きあがります。このような場合は気泡量を考えなくていいので、35℃に加熱すれば十分です。

4　火からおろし、ハンドミキサー（ビーター 2本）の速度3番で3分泡立てる。全体が白くふっくらし、泡にしっかりとツヤがでて、ビーターの跡がはっきり残るようになる（a）。

5　4に2を3回に分けて加え、木べらで【90度】で早めに混ぜる（b）。

　　粉がきわめて少ないので、手早く混ぜないと粉が全体にちっていきません。粉が少ないため生地は締まらず、手早く混ぜても泡はつぶれません。

6　溶かしバター（約40℃）を2回に分けて加えて混ぜる（c）。80％混ざったら2回めを加え、80％ほど混ざったら、ボウルの内側をゴムべらで払い、さらに30回ほど混ぜる（d）。

7　1に入れてならす。紙をかぶせ、紙と生地の間の空気をしっかり抜く（e）。

　　粉の少ない生地は、表面の焼き面が水分を含むとドロドロの不快な舌触りになるので、紙をかぶせて焼きます。生地の表面が大きく凸凹になってしまうので、生地と紙の間の空気はしっかり抜きます（空気を抜いても多少は凸凹になります）。

8　オーブンで紙がキツネ色になるまで焼く。［電子レンジオーブン：予熱220℃／200℃で約8分］［ガス高速オーブン：予熱200℃／180℃で約8分］

9　乾燥しないように紙をつけたまま、網にのせて冷ます（f）。

| フォン・ドゥ・ダックワーズ | Fond de dacquoise |

Ingrédients　18cm角の浅天板1枚分

- 28g　アーモンドパウダー
- 46g　グラニュー糖a
- 13g　薄力粉

ムラング・オルディネール
- 47g　卵白
- 4g　グラニュー糖b
- 24g　グラニュー糖c

適量　粉糖

1　焼きあがりに生地がはずれやすいように、天板の縁にポマード状バターをぬり、この部分に粉をふる。ベーキングシートを敷く。

ダックワーズは砂糖が多く、焼きあがりに紙ではきれいにはがれないので、ベーキングシートかクッキングペーパーに絞ります。

2　アーモンドパウダー、グラニュー糖a、薄力粉をよく混ぜてふるう。

暑い時季はアーモンドから脂肪分がにじみでてムラングの泡が消えやすくなるので、かならず冷蔵庫で冷やしておく。

3　ムラング・オルディネールをつくる。深大ボウルに入れて冷やしておいた卵白とグラニュー糖bを、ハンドミキサー（ビーター2本）の速度2番で1分→3番で2分泡立て、グラニュー糖cを加えてさらに30秒泡立てる（**a**）。

アーモンドパウダーやグラニュー糖、薄力粉が多めに入るため、泡がつぶれて生地の量が減りやすいので、2回めのグラニュー糖を多めに加えて砂糖の粘りで泡を強くします。砂糖の量が多くなるとムラングの気泡量は抑えられて泡が少なくなりますが、ダックワーズの泡は混ざりやすさと強さが必要なので問題ありません。

4　**3**に**2**を5～6回に分けて加え、エキュモワールで少しゆっくりめに混ぜる（**b**）。80％混ざったら次を加え、全部入れ終わって80％ほど混ざったら、ボウルの内側をゴムべらで払い、さらに30回ほど混ぜる。

混ぜ終わった状態はなめらかです。流れるほどやわらかくなく、しっかりとしたかたさがあります（**c**）。

5　**1**に入れて平らにならす。天板の縁に沿って親指の先で軽く溝をつけ（**d**）、焼きあがりにはずしやすくする。グラシエール（粉糖入れ）で粉糖を1回ふる（**e**）。

2回ふったり、時間がたってからオーブンに入れると、家庭用オーブンの場合、表面に砂糖の膜が張り、膨らみやすくなります。さらにそれが膨らんだまま固まってしまうと、あとでその部分が生地からはがれてしまいます。

6　オーブンで焼く。［電子レンジオーブン：予熱200℃／180℃で25分］［ガス高速オーブン：予熱180℃／160～170℃で20～25分］　表面に薄く焼き色がつき、底にも全体に薄いキツネ色がつくまで焼く。

冷めてからも少しやわらかさが残っているくらいに焼きあげます。もしパリパリになっても全体のおいしさには影響しません。

7　プティクトーで生地と天板の間を切り離し、裏返して網にのせる。ベーキングシートをはがして冷ます（**f**）。

ムース・オ・シャンパーニュ

Mousse au champagne

凝固剤のフォンドニュートラルは、生クリームと果汁に混ぜれば簡単にムースができるといったように、もともとは省力化のためにつくられたものです。ドゥニ・リュッフェル氏の場合はゼラチンのモワッとしたにおいが果汁などの香りを邪魔しないように使うといいます。食感の特徴は、ゼラチンのシャープでサッとした口溶けと違い、少しもったりとした口溶けを示します。なお、より印象的な味わいを得るためにコンパウンド・シャンパンはできるだけ加えてください。日本に輸入されているシャンパンのほとんどは味わいが変質しているため、それだけでは十分な香りと味わいが得られないのです。

Ingrédients 2台分

288g	生クリーム（乳脂肪分42%）
14g	フォンドニュートラル
14g	グラニュー糖 a

クレーム・アングレーズ

37g	卵黄
32g	グラニュー糖 b
37g	シャンパン
21g	1/3量に煮詰めたシャンパン
20g	コンパウンド・シャンパン

1　生クリームを8分立てに泡立てて、冷蔵庫で冷やしておく。

2　フォンドニュートラルとグラニュー糖aをよく混ぜる。

3　クレーム・アングレーズをつくる（→P159）。ここでは牛乳ではなく、そのままのシャンパンと1/3量に煮詰めたシャンパンを合わせ、1/3量を3回に分けて加えて混ぜてから、残りは一度に加えて混ぜる。弱火にかけて79℃まで加熱してとろみをつける（**a**）。
量が少ないので、78〜79℃でとろみがつきます。

4　79℃になったら、すぐに**2**を一度に加えて（**b**）ホイッパーでよく混ぜる。

5　裏漉しする。

6　**5**のボウルを氷水にあて、手早く底全体をこすり混ぜながら40℃まで冷ます。

7　40℃になったら氷水からはずし、コンパウンド・シャンパンを加えて（**c**）よく混ぜる。
フォンドニュートラルが入っているため、かなり粘度があってかたまりができやすいので、40℃で一度氷水からはずしてよく混ぜ、かたまりを溶かします。

8　もう一度氷水にあてて27℃まで冷やす。
普通は18℃まで冷やしますが、フォンドニュートラルが多いのでかたまりやすいことと、量が少ないために18℃まで冷やすと生クリームと混ざりにくいので、27℃で氷水からはずします。

9　**1**の生クリームをひとすくい加え（**d**）、1回めはとにかく手早くホイッパーで小刻みによく混ぜる【すくいあげ】。
ここでフォンドニュートラルを十分に拡散させ、のびやすい状態にしておきます。

10　80%混ざったら、残りの半量を加えて【円】と【すくいあげ】

で混ぜる（e）。残りを加えて同様に。ほぼ混ざったらホイッパーは少しゆっくりめに動かす。ボウルの内側をゴムべらで払い、さらに10回混ぜる（f）。

最後まで手早く混ぜると、生クリームから離水がはじまり、ボテッとして口溶けの悪いムースになります。

ムース・オ・マール　　　　　　　　　　　　　　　　　　　　　Mousse au marc

Ingrédients　2台分

- 136g　バター
- 16g　卵黄 a
- 16g　30°ボーメシロップ
- 20g　マール酒

パータ・ボンブ
- 27g　グラニュー糖
- 17g　水
- 50g　卵黄 b

1　バターをやわらかめのポマード状にし、卵黄aを一度に加えてホイッパーで50回ほどよく混ぜる（a）。

これ以降、ホイッパーを持つ手に重さを感じるようになったら、ボウルの底を弱火にほんの1秒あててはよく混ぜてやわらかくします。

2　30°ボーメシロップを一度に加えて50回混ぜる。

3　マール酒は3回に分けて加え、50回ずつ混ぜる。

4　パータ・ボンブをつくる（→P158・b）。

5　3のボウルの底を弱火にほんの2、3秒あてて少し溶かして、50回ほどよく混ぜる【円】と【すくいあげ】。これをくり返してバターを少しずつやわらかくする。

溶けていない部分で、溶けた部分をしっかり包むようなイメージで混ぜていきます。こうするとバターのつながりがよく、混ぜる時にバターの層が切れて分離するのを防ぎます。テリがでて、ボウルをゆすると大きく動きますが、ホイッパーの跡はそれほど沈まないくらいのやわらかさにします（c）。

6　温度調整したパータ・ボンブの1/3量を加え、木べらで力強く手早く【90度】で混ぜる（d）。ほぼ混ざったら、ボウルの内側をゴムべらで払い、さらに手早く20回しっかりと混ぜる。同様にして1/3量ずつ加えて混ぜる（e）。

パータ・ボンブを使ったムースの場合は、パータ・ボンブを加えたら、力強く、手早く混ぜます。量が多い時は5回に分て混ぜないとよく混ざらず分離しやすくなりますが、ここでは量が少ないので3回でもよく混ざります。

Tranche champenoise

ガナッシュ・ア・グラッセ　　Ganache à glacer

ガナッシュはさまざまな成分が複雑に絡みあっています。一度分離するとなかなかもとにもどりません。このガナッシュはよくできあがると、もったりとした状態になり、ゆっくり固まるのでかけやすく、またツヤがきれいにでてチョコレートの味がしっかり舌にのります。分離すると水のようにサラサラになってバターが他の成分を包んでしまい、固まるのが早いためにきれいにかけにくくツヤも悪くなります。バターに包まれているためにチョコレートの味も舌にのりません。

Ingrédients　　2台分

- 92g　牛乳
- 23g　生クリーム（乳脂肪分42%）
- 1/4本　バニラ棒
- 200g　ガナッシュ用スイートチョコレート
  （ガナッシュ・ゲアキル・カカオ分約54%）
- 25g　水飴
- 8g　水
- 50g　バター

1　牛乳、生クリーム、バニラ棒を手つき鍋（小）に入れて弱火にかけ、80℃まで温める。バニラ棒をとりだす。

2　直径15cmのボウルに刻んだチョコレートを入れて50℃くらいの湯煎で溶かし、45℃に調整する。

3　2に1の半量強を加え（a）、ホイッパーで1秒に1回のゆっくりした速さで【円】で混ぜる（b）。一度締まってからさらに均一にやわらかくなり、かたまりがだいたいなくなるまで100回くらい混ぜる（c）。
仕上げ用なので、気泡が入らないように静かにていねいに混ぜます。1回めのチョコレートの量が少ないとかたく締まって混ぜにくいので、かならず半量強を加えます。

4　1の残りを5回に分けて加え、加えるたびに50回くらいよく混ぜて均一な状態にする（d）。

5　全部入れ終わったら（e）、42〜45℃に調整する。温度がこれ以下の場合は、ごく弱い火にあてて底をホイッパーで軽くこすりながら加熱し、42℃まで温める。

6　水飴と水を合わせて弱火にあてて溶かし、42℃にする。5に一度に加えて（f）50回ほど混ぜる。
ここまでもったりしていればもう水のようになることはありません。水飴と5の温度を正確に42℃に調整すれば、まちがいなくよく混ざり、もったりしてきます。かならずそれぞれの混ぜる温度を正確にしないと、分離しやすくなるので注意してください。もしガナッシュが水のようにサラサラと分離した場合は、ガナッシュを30℃に調整して、もう一度同じ分量の水飴と水を30℃にして加えてよく混ぜるとなめらかな状態にもどります。

7　バターをポマード状にし、6に3回に分けて加えてよく混ぜる（g）。1回加えるたびに30〜40回混ぜる（h）。
ガナッシュは38〜40℃がかけやすい温度です。すぐに使わない場合は、密閉容器に入れて冷蔵庫で保存します。使用する時に必要量を小さなボウルにとって45℃ほどの湯煎でゆっくり溶かし、かける前にホイッパーでゆっくり20回混ぜてなめらかにします。

仕上げ　　　　　　　　　　　　　　　　　　　　　　　　　　Finition

長さ24.5cm×幅8cm×高さ5.5cmのトヨ型を使います。

Ingrédients　　2台分

40g	ポンシュ（白桃のガルニチュールを漬けたマール酒）
160g	フランボワーズ（冷凍）
適量	パイエットゥ・ショコラ
適量	金箔

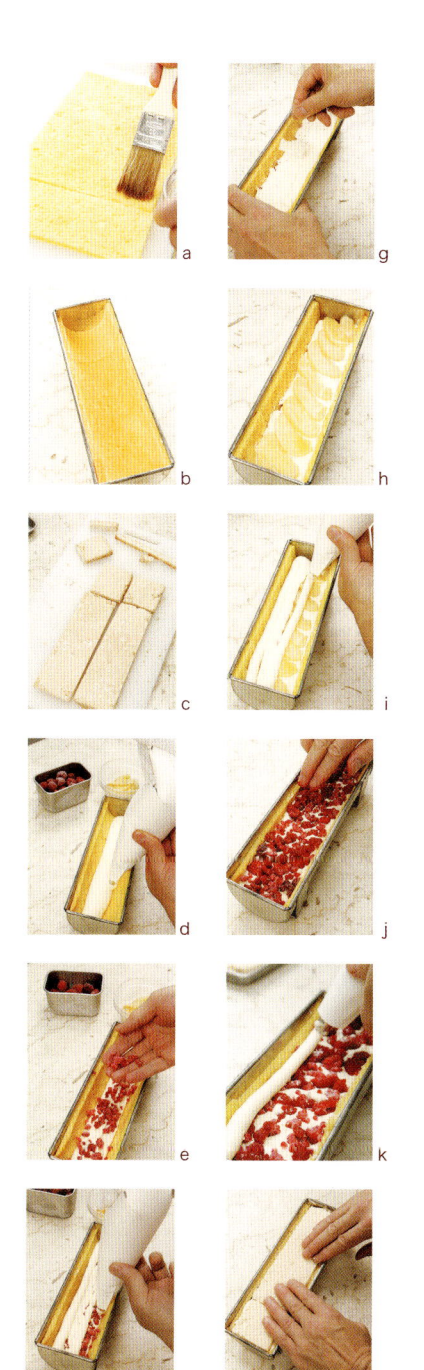

1. ジェノワーズ・ムースリーヌは上の紙だけをはがし、四辺を波刃包丁できれいに切り落とす。2枚の生地を並べ、長さ24.5cm×幅13.5cmに切る。

2. 1にポンシュをごく軽く打ち（a）、トヨ型に入れる（b）。冷凍庫へ入れておく。
   ポンシュは生地にしとりを与えるためではなく、マール酒と白桃の香りをつけるために打ちます。

3. フォン・ドゥ・ダックワーズは波刃包丁で底用に長さ24.5cm×幅5.7cmを2枚切り分ける（c）。

4. ムース・オ・シャンパーニュを口径10mmの丸口金をつけた絞り袋に入れ、型の¼高さほどまで絞る（d）。小さなカード（アクリル板などをカッターで3.5cm×7cmに切ったもの）で平らにならす。

5. フランボワーズは解凍せずにそのまま手でつぶして3、4個に砕く。⅓強の量を一面にちらし（e）、指で軽く押す。

6. さらにムース・オ・シャンパーニュを少し絞って（f）軽くならす（g）。

7. 白桃のガルニチュールを一面に並べ（h）、ムース・オ・シャンパーニュを少し絞って（i）軽くならす。

8. 残りのフランボワーズをちらして軽く押さえ（j）、ムース・オ・シャンパーニュを少し絞り（k）、軽く平らにならす。

9. 3のフォン・ドゥ・ダックワーズをのせる（l）。冷凍庫に入れる。

10. 十分に固まったら、型の両端と生地の間にプティクトーを入れてはずし、キャルトンにのせる。生地の紙をはがす。
    両端を軽くバーナーであぶってはずしてもいいです。

Tranche champenoise

11 ムース・オ・マールを平口金をつけた絞り袋に入れ、**10** に絞る（**m**）。

12 1分ほどおき、指で触ってみてふわふわのムースにほんの少しかたさがでたら、24cm×4cm 大のセロファンを斜めに持ち、端から端まで軽くこするようにして表面をならす。セロファンの全面をムースにつけると、余分にこすりとってしまうので、セロファンは手前はあげて、向こう側だけをムースにつけて力を入れずに手前に引きます（**n**）。また、この時に両手はあまりムースから離さずに締めるようにして引きます。

13 パレットナイフでクレームを凸凹がある部分やたりないところにぬり、もう一度セロファンでこするときれいになる。下のほうはパレットナイフできれいにならす（**o**）。

ここで冷凍できます。冷凍した場合は、冷蔵庫に移して20分ほどおき、温度を少し上げてからガナッシュをかけます。このガナッシュは固まるのがゆっくりなので、かけるものが凍っていても慣れればきれいにかけることができます。ガナッシュをかける直前に表面の水分をペーパータオルでていねいにふきとってください。

14 両端は切り落とすので、ガナッシュがかかって無駄にならないように紙を貼る。すぐにガナッシュ・ア・グラッセをボウルを上下に小刻みにゆすりながらかける（**p**）。

15 両端の紙をとり、包丁をガスの火で少し温めて両端を切りそろえる。側面下部にパイエットゥ・ショコラをつけ（**q**）、金箔をのせる。

トゥランシュ・シャンプノワーズ
Tranche champenoise

パートゥやクレームにこれだけ整然とした
役どころが与えられているのも珍しい。それぞれ別々に食べないで、
たおして縦に切り、すべてを一度に口に入れると
鮮やかにそれぞれの役割が浮かびあがります。
長さ24.5cm×幅8cm×高さ5.5cmのトヨ型で2台できます。
3.5cm幅にカットして7個分。

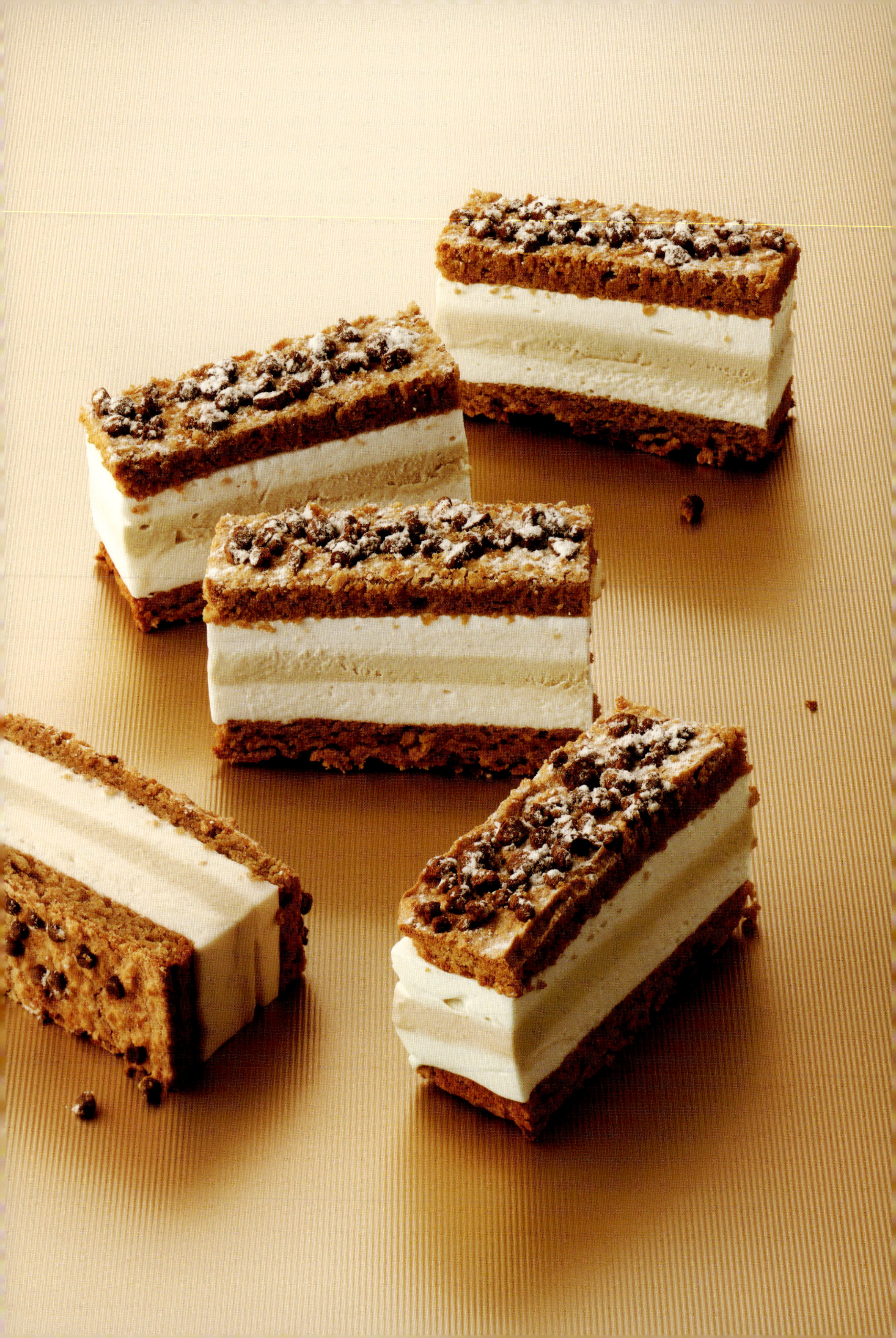

今はもうないのですが、私の店の隣に、いつもさまざまなイベントを催している、とても楽しい店がありました。ある時ベルギービールフェアが開催され、その時飲んだベルギービールのおいしさは今でも忘れられません。つくり手の意思とつくり手が住む国の歴史と、そこに住む人々の息吹が感じられ、飲む人の心を暖かく幸せに、そして善人にまでしてしまう深い味わいでした。店に友人が来るたびに買ってきては、我が事のようにそれらのビールを自慢したものです。こんなに人をうれしくさせるビールなら、お菓子に使ってもきっと食べた人すべてをうれしくさせるものが

ベルギービールのムース
Mousse à la bière belge

できるはずだと思いました。
　しかし日本の素材の味わいは、お菓子の中心的イメージとなる素材の個性を消そうとします。そんなネガティブな日本の素材に負けるはずのないビール、私は迷うことなく"オルヴァル"を選びました。オルヴァルには意固地なまでに力のある香り、味わいがあります。常に自分の足跡を見つめる、少し悲しくて心根正しき香り、味わいがあるのです。ちょうど複雑になりすぎた自分のフランス菓子への考え方、製法に自分自身が疲れ果て、もっと朗らかにお菓子を考え、そして、もっと朗らかにつくりたいと強く思いはじめた頃でした。
　一度飲んでみれば、オルヴァルの素材としての力強い香り、味わいに黒糖の味わいが重なりやすいことは、お菓子をつくる人なら誰でも経験から容易に気づくはずです。表面に黒糖の粒をちらし、香り、味わい、歯触りを執拗に重ねます。そしてムースに、潔い深い味わいを与えます。このお菓子の印象的なおいしさは、素材同士の味わいのコントラストにあります。
　まちがいなく自分の大好きな20のお菓子に入ります。

フォン・ドゥ・ダックワーズ　　　Fond de dacquoise

ムース・ア・ラ・ビエールが軽くやわらかめなので、それに合わせて使う生地も歯切れをやさしくするために、本来のダックワーズの配合よりも砂糖の量を減らしています。砂糖が多いほど、ある状態では水分がいくらかネッチリした歯切れになり、またほぼ乾燥した状態ではカリンとしたかたい歯触りが増してきます。たとえ焼きすぎても唐突なかたさがでないように砂糖の量を減らします。また、生地がかたすぎると切り分ける時に容易に包丁で切れず、ムースをつぶしてしまいます。

Ingrédients　18cm角の深天板 2 枚分

- 147g　アーモンドパウダー
- 75g　黒糖a
- 55g　黒糖b

ムラング・オルディネール
- 168g　卵白
- 7g　グラニュー糖a
- 34g　グラニュー糖b

- 適量　粉糖
- 適量　シュークルバニエ

1　天板の縁にバターをぬり、その部分に粉をふる。ベーキングシートを敷き、キャドルをのせる。

2　アーモンドパウダーは黒糖aと合わせて2回ふるう（気温が25℃以上の時は冷蔵庫で冷やしておく）。
暑い時季はアーモンドから脂肪分がにじみでてムラングが消えやすくなるので、かならず冷蔵庫で冷やしておきます。

3　黒糖bは3mm角に刻む。ふるいで漉し、下に落ちた粉は2に加える。

4　ムラング・オルディネールをつくる。深大ボウルに入れて冷やしておいた卵白とグラニュー糖aを、ハンドミキサー（ビーター2本）の速度2番で1分→3番で2分泡立て、グラニュー糖bを加えてさらに30秒泡立てる（a）。
このあと通常より多い回数で混ぜるので、泡が消えないように2回めのグラニュー糖の量を多くし、砂糖の粘りで泡を強くします。

5　4に2を6〜7回に分けて加えてエキュモワールで10秒に12回の速さで混ぜる（b）。80％混ざったら次を加え、全部入れて80％ほど混ざったら、ボウルの内側をゴムべらで払い、さらに70回ほど混ぜる。
通常（30回）より混ぜる回数が多くなっています。目にみえない部分で、さまざまな素材をよく混ぜ合わせ、生地の歯触りと歯切れをやさしくするためです。

6　1に入れて平らにならし、キャドルをゆっくりとはずす。
厚い生地をならす時は、キャドルを使うと楽にできます。

7　あとで切りやすいように、上用にする1枚にはパレットナイフで12等分（3cm×9cm）の線を入れ（c）、その線にかからないように3をのせる。底用の生地には3を少しふりかける（d）。ともに砂糖がとれないようにパレットナイフで押して軽く埋め、グラシエール（粉糖入れ）で粉糖をふり、シュークルバニエもふる（e）。

8　オーブンでやわらかめに、かつ下面の湿った感じがなくなるまで焼く。［電子レンジオーブン：予熱200℃／180℃で25分］［ガス高速オーブン：予熱180〜190℃／160℃〜170℃で20〜25分］　ベーキングシートをはがして網にのせ、水分を飛ばしながら冷ます（f）。
水分が多く生地に残っていて歯にまとわりつくようでは、まだ焼きたりないので、さらに焼いてください。やわらかいけれど、歯にあまり抵抗を感じないでホロッと崩れる、そんな焼き具合にします。

ムース・ア・ラ・ビエール   Mousse à la bière

Ingrédients

ムラングイタリエンヌ
- 35g 卵白
- 6g グラニュー糖 a
- 4g 乾燥卵白
- 53g グラニュー糖 b
- 18g 水 a

- 5.7g 粉ゼラチン
- 29g 水 b
- 64g ビール a（オルヴァル・ベルギー産）
- 64g ビール b（同上）
- 130g 生クリーム（乳脂肪分35％）

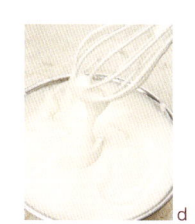

1. ムラング・イタリエンヌをつくる（→P156）。80gとってバットにのばし、0℃近くまで冷やしておく。
2. 粉ゼラチンを水bでふやかしておく。
3. ビールaは室温（約20℃）にしておく。ビールbはよく冷やしておく。
4. 生クリームは8分立てに泡立てて、冷蔵庫で冷やしておく。
5. 2を湯煎で溶かし、40℃にする。
6. ビールaと5を直径18cmのボウルに入れ、弱火で40℃に温める。
7. 6を別のボウルに移し、氷水にあてて手早くホイッパーで底をこすりながら27℃に冷やす（a）。
8. 7に4を3回に分けて加えて混ぜる（b）。1回めは【小刻みすくいあげ】、2〜3回めは【すくいあげ】で手早く。
9. 1を一度に加えてホイッパーで少しゆっくりめの【すくいあげ】で混ぜながら、70％混ざったら、よく冷えたビールbを少しずつ加える（c）。ほぼ混ざってから、【すくいあげ】でさらに20回混ぜる（d）。

ビールは別の人に流し入れてもらいます。

クレーム・シャンティイ・オ・ショコラ・ブラン   Crème chantilly au chocolat blanc

生クリームの温度は常に10℃を保ってください。チョコレートの温度は生クリームに対するチョコレートの割合で決めます。ここではその割合は⅕なので60℃に調整します。2つを混ぜ終わった時になめらかになるように2つの素材の温度を正確に調整します。どちらかが冷たすぎればチョコレートは加えたとたんに固まり、なめらかにならずチョコレートの味が舌にのりません。熱すぎれば生クリームから水がでて口溶けが悪くなります。

Ingrédients

黒糖シロップ
- 14.3g 黒糖
- 18.7g 水

- 110g 生クリーム（乳脂肪分42％）
- 22g ホワイトチョコレート（イヴォワール・カカオ分約31％）

1. 黒糖シロップをつくる。黒糖と水を鍋に入れて火にかけて沸騰させ、火をとめる。5℃以下に冷やしておく。
2. 生クリームはかための8分立に泡立てて、10℃に冷やしておく。

Mousse à la bière belge | 085

3 　2に1の黒糖シロップを加えて【円】で混ぜる(a)。

4 　ホワイトチョコレートは50℃ほどの湯煎で溶かす。弱火にかけて、正確に60℃に調整する。

5 　3に4を入れる(b)。一人が一気に入れ、同時にもう一人がホイッパーで混ぜる。
　　慣れないうちに一人でこの作業をすると、チョコレートと生クリームの温度が不正確になったり、あわてて混ぜすぎたりしてしまいます。

6 　ほぼなめらかになったら混ぜるのをやめる(c)。
　　少しチョコレートと生クリームが残っていても混ぜるのをやめてください。混ぜすぎると生クリームから水がでてきて口溶けが悪くなります。

仕上げ　　　　　　　　　　　　　　　　　　　　　　　Finition

1 　フォン・ドゥ・ダックワーズを2枚とも波刃包丁で四辺を切りそろえる。底用の生地を裏返し、キャルトンを敷いた18cm角のキャドルに入れる。上用の生地は線に合わせて切り分ける(a)。ともに冷蔵庫で冷やしておく。
　　波刃包丁をゆっくりと動かして筋を入れ、一気に押し切ります。上用生地を前もって切っておくと、ムースがやわらかくてもきれいに切り分けることができます。

2 　1にムース・ア・ラ・ビエールの半量を入れ(b)、平らにならす。冷凍庫に入れておく。

3 　クレーム・シャンティイ・オ・ショコラ・ブランを口径10mmの丸口金をつけた絞り袋で絞り(c)、平らにならす(d)。

4 　残りのムースを流し(e)、パレットナイフで平らにする(f)。

5 　上用の生地を1枚ずつのせる(g)。冷蔵庫で冷やし固める。
　　生地にはさまれてムースがつぶれないよう、お菓子を横にねかせて食べてもらいます。

ベルギービールのムース
Mousse à la bière belge

何代にも渡る手仕事の歴史を映すビールの味わい香りが
意識と口の中いっぱいに厚みをもって立ち昇るように、
そんな思いがこのお菓子のすべてを方向づけています。
食べごろの温度は5℃くらい。
もちろんできたてが一番おいしいですが、
2日以内なら十分においしく食べられます。
18cm角が1台できます。3cm×9cmにカットして12個分。

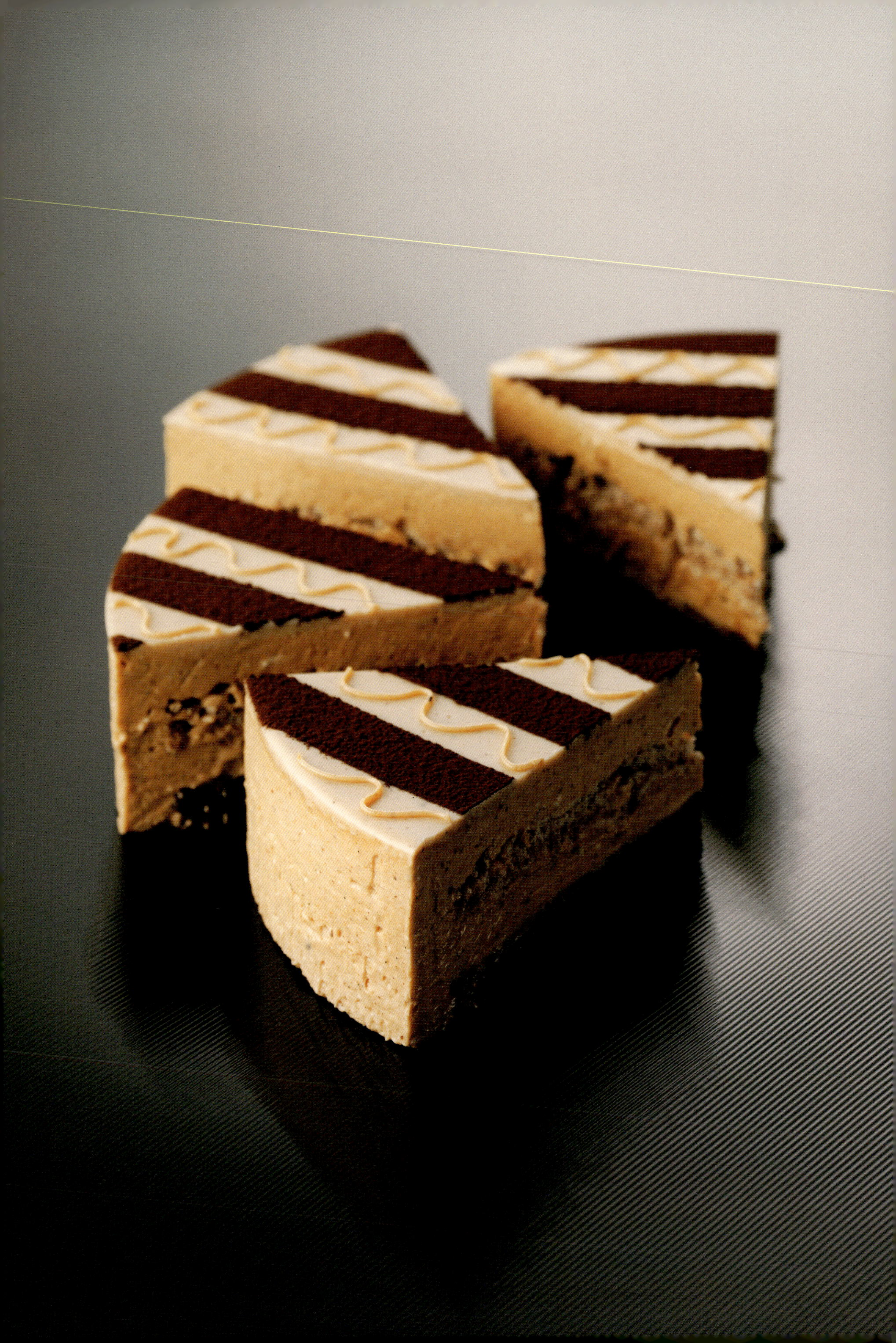

プラリネとシナモンのプログレ
Progrès au praliné et à la cannelle

　ジャン・ミエにあったチョコレートとムラング・セッシュ(乾燥メレンゲ)の力強いお菓子を変化させました。これは3、4年前の「イル・プルーの一年」で発表したもので、自分にとってもかなり印象の強いお菓子です。
　印象が鮮やかな点は二つあるようです。私たち日本人がムラング・セッシュをお菓子に使うと、どうしても力のある強いトーンのカリカリした歯触りがお菓子の中で一人歩きをしてしまい、食べた後はムラングの味わいの印象しか残りません。でもこのお菓子では、ムラング・セッシュの食感がお菓子の中に自然におさまったように思えます。
　そして、この食感に合う、少しカサッとして、でも自分の心は冷静に見つめる重厚さを持った、ちっぽけな虚無主義者風にできあがったからだと思います。でもそのくせ、人とのつながりにかなり未練を持つ自分がこのお菓子の中にあるからなのでしょう。

フォン・ドゥ・プログレ　　　　　　　　　　　　Fond de progrès

この生地は乾燥メレンゲ（ムラング・セッシュ）を使った「プログレ」（発展）という名のお菓子に使われたパートゥを変化させました。1台に1枚使いますが、卵白の量が少なくてつくりにくいため、2枚分でつくります。

Ingrédients　直径16cmのセルクル2枚分

- 10g　アーモンド（16割）
- 18g　アーモンドパウダー
- 43g　グラニュー糖 a
- 2.5g　シナモンパウダー

ムラング・オルディネール
- 43g　卵白
- 11g　グラニュー糖 b
- 33g　グラニュー糖 c

---

1. アーモンドを180℃のオーブンに入れ、3分おきに混ぜて、10分ほどでキツネ色にする。冷ましておく。

2. アーモンドパウダー、グラニュー糖 a、シナモンパウダーは手でよく混ぜてからふるう。

3. P34「ショコラのムラングとパインとプラリネの甘さの中での意外な翻り」のムラング・セッシュ・オ・ショコラ 3~4 と同様にする（a）（b）（ここでは卵白の量が少ないので手つき中ボウルを使用する）。

4. 口径7mmの丸口金をつけた絞り袋に入れ、ベーキングシートに直径16cmのうず巻き状に絞る。
ムラングの砂糖が多く、紙では焼きあがってからきれいにはがれないので、ベーキングシートかクッキングペーパーに絞ります。

5. 1を一面にふり（c）、パレットナイフで軽く押して埋める。

6. オーブンで焼き色がつき、中心がカリカリになるまで焼く（d）。[電子レンジオーブン：予熱150℃／130℃で1時間][ガス高速オーブン：予熱130℃／110℃で約1時間] 網にのせて冷ます。
慣れないうちは中心をプティクトーで少しとり、1分ほど冷ましてから噛んでみてカリッとしていればよい焼きあがりです。ネチッとしていたら、まだ焼けていないのでさらに焼いてください。ぺちゃんとしていたり、ひびが入るのはよくない焼きあがりです。ビニール袋を二重にして乾燥剤を入れ、口を輪ゴムで2回しっかりとめて空気が入らないようにすると、半月ほど常温で保存が可能。

ビスキュイ・オ・ショコラ　　Biscuit au chocolat

Ingrédients　直径18cmのセルクル1台分

- 42g　コーンスターチ
- 34g　ココア
- 92g　粉糖
- 75g　ローマジパン
- 36g　全卵
- 54g　卵黄

ムラング・オルディネール
- 76g　卵白
- 20g　グラニュー糖

- 25g　溶かしバター

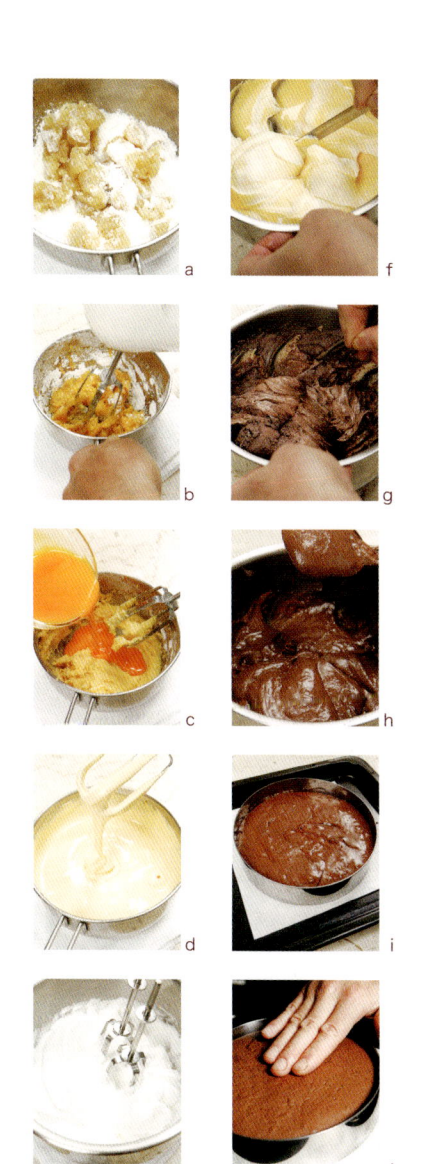

1　天板に紙を敷き、セルクルを置く。

2　コーンスターチとココアは1回ふるう。
　まだらな状態でもいいです。これ以上ふるうとココアが粉に混ざりすぎてぼけた味わいになります。

3　手つき中ボウルに粉糖、ローマジパンを入れ、ローマジパンに粉糖をまぶしながら1cmほどにちぎる（**a**）。

4　全卵と卵黄を合わせ、**3**に半量弱を加えてハンドミキサー（ビーター1本）の速度3番で粉糖が飛ばなくなるまで左回りに撹拌し（**b**）、ローマジパンの粒をほぐして均一にする。残りのうち半量を加えて（**c**）10秒ほど混ぜ、残りを加えて3番で右回りで1分30秒泡立てる（**d**）。
　1回めに加える卵は半量弱を厳守してください。多く入れると、やわらかくなりすぎて粒がほぐれない原因になります。入れすぎてなかなか粒が消えない場合は、ふるいとカードで裏漉しします。かたいものを混ぜる時はビーターの回転と同じ方向（右ききなら左回り）にミキサーを回したほうがよく混ざります。

5　ムラング・オルディネールをつくる。深大ボウルに入れて冷やしておいた卵白とグラニュー糖を、ハンドミキサー（ビーター2本）の2番で1分→3番で2分泡立てる（**e**）。

6　**5**に**4**を加えてエキュモワールでゆっくりと混ぜる（**f**）。

7　**6**が80％混ざったら、**2**を5回に分けて加えて混ぜる（**g**）。80％混ざったら、次を加えていく。全部入れて80％混ざったら、ボウルの内側をゴムべらで払う。

8　溶かしバター（約40℃）を2回に分けて加えて混ぜる。2回めが80％混ざったら、ボウルの内側を払い、さらに20回ゆっくり混ぜる（**h**）。
　15回混ぜた段階で、ちょっと量が少なめで黒ずんだ感じがすれば、ムラングがつぶれはじめているので、それ以上つぶれないようにそこで混ぜるのをやめます。逆にふっくらとして量が多いようであれば、あと5回混ぜます。通常は30回混ぜますが、この生地はココアが入っていて泡がつぶれやすいので回数は少なめです。次第にココアが卵の水分に溶けて粘りが増し、泡がつぶれやすくなります。ココアが入る場合はこのことを念頭において混ぜる回数を調節してください。

9　**1**に入れ、ほぼ平らにする（**i**）。

10　オーブンで焼く。［電子レンジオーブン：予熱200℃／180℃で25〜30分］［ガス高速オーブン：予熱190℃／170℃で25〜30分］　こんもり浮いた表面がほぼ平らになり、指の先にしっかりした弾力が感じられるまで焼く（**j**）。
　歯ざわりの印象が強い乾燥メレンゲが加わるので、しっかりしたかたさをださないと負けてしまいます。

クレーム・アングレーズの入ったムース・プラリネ・ア・ラ・キャネル　　Mousse pralinée à la cannelle

クレーム・アングレーズを加えることによって、
ムースの味わいがさらに豊かになります。

Ingrédients

ムラング・イタリエンヌ
- 30g　卵白
- 5g　グラニュー糖 a
- 1.2g　乾燥卵白
- 41g　グラニュー糖 b
- 10g　水

- 192g　バター
- 102g　プラリネ・シナモン
  （プラリネ・アマンドゥ102gとシナモン5gで代用可）

クレーム・アングレーズ
- 63g　牛乳
- ½本　バニラ棒
- 36g　卵黄
- 54g　グラニュー糖 c

1　ムラング・イタリエンヌをつくる(→P156)。75gとってバットにのばし、**5**でバターが溶けだしても固まらない25℃前後(20～30℃)に調整する(**a**)。

ムラングの温度が高いと、その熱でバターが溶けだして泡が消えてしまいます。冷たすぎるとバターが固まってムラングと混ざらないため、泡がつぶれて分離します。そのためムラング・イタリエンヌは25℃前後に調整します。

2　バターをやわらかめのポマード状にし、プラリネ・シナモンを加えてホイッパーで【円】でよく混ぜる(**b**)。

プラリネ・シナモンを使うと味わいが深くなりますが、手に入らなければ、プラリネ・アマンドゥとシナモンで代用しても十分おいしくつくることができます。

3　クレーム・アングレーズをつくる(→P159)。裏漉しし、ボウルを氷水にあてて25℃まで冷ます(急がなければそのままおいて常温で冷ます)。

4　**2**のアパレイユに**3**のクレーム・アングレーズを5回に分けて加えて混ぜる【円】。次第にかたくなってくるので、1回加えるごとにボウルの底を弱火に2、3秒あてて少し溶かして、70～80回よく混ぜる(**c**)。ボウルをゆすると大きく動くが、ホイッパーの跡はそれほど沈まないくらいのやわらかさにする(**d**)。パータ・ボンブを使ったムースと同じくらいのやわらかさ(→P77「トゥランシュ・シャンプノワーズ」のムース・オ・マール**5**参照)。

通常、ムラング・イタリエンヌを使ったバターのムースは、ボウルをゆするとバターのアパレイユが大きく動き、ホイッパーの跡が少ししか残らないくらいトロトロにやわらかくします。しかしここではクレーム・アングレーズが入るためのびやすいので、少しだけかためにします。

5　**1**の温度調整したムラングを3回に分けて加え、木べらで混ぜる【90度】。1回めは手早く混ぜ、ムラングがほぼ混ざったら、ボウルの内側をゴムべらで払い、さらに20回混ぜる。ムラングの量が少ないので、3回に分けて加えれば大丈夫です。

6　2回めは少しゆっくり混ぜ(**e**)、ムラングがほぼ混ざったらボウルの内側を払い、さらに10回混ぜる。

7　3回めは本当にゆっくり、1秒に1回の速さで混ぜ、途中でボウルの内側を払い、ムラングがみえなくなるまでさらに混ぜる(**f**)。

プラリネ・シナモンのクレーム・オ・ブール

Crème au beurre au praliné et à la cannelle

バターはけっして泡立てないでください。空気が入ると口溶けが悪くなり、卵黄のリッチな味わいが舌にのりません。発酵バターとマダガスカル産のバニラ棒から抽出したバニラエッセンスを使います。これによって香り、味わいの豊かなクレーム・オ・ブールができます。

Ingrédients

100g	グラニュー糖
33g	水
40g	卵黄
200g	バター
0.9g	バニラエッセンス（11滴）
10g	プラリネ・シナモン（プラリネ・アマンドゥ10gとシナモン0.5gで代用可）

1. 手つき鍋(小)にグラニュー糖と水を入れてスプーンで混ぜ、水を含ませたハケで鍋の内側についたグラニュー糖を中にもどす。火にかけ、112〜113℃になったら弱火にし、117℃に煮詰める。

2. 卵黄をほぐし、*1*をヒモ状に流し入れ、ホイッパーで手早く【円】で混ぜる(**a**)。

3. *2*を手つき中ボウルに漉して入れ、ハンドミキサー（ビーター1本）の速度3番で2分泡立てる。気温が高い時にはさらに氷水にあてて、速度2番で30秒〜1分泡立てて25℃（夏は20℃、冬は30℃）に冷ます。

4. バターをやわらかめのポマード状にする(**b**)。これを*3*に3回に分けて加え、加えるたびに2番で混ぜる(**c**)。
2回めまでは少し分離したような感じになりますが、3回めには均一なポマード状になります(**d**)。

5. バターが入っていたボウルに移し、バニラエッセンスを加えて(**e**)ホイッパーで【円】で混ぜる(**f**)。ゴムべらでボウルの内側を払い、もう一度十分混ぜる(**g**)。
冷蔵庫で1週間保存可能。使用する時はボウルの底を弱火に数秒あて、ホイッパーで少し強く混ぜて、なめらかで白っぽい状態になるまで少しずつやわらかくしていきます。加熱しすぎると口溶けが悪くなるので注意してください。

6. *5*のクレーム・オ・ブール30gとプラリネ・シナモンをボウルに入れてホイッパーでよく混ぜる(**h**)。

仕上げ　Finition

ブール・プラリネ・ア・ラ・キャネルは、プラリネとシナモンの味をよりはっきりさせるためにビスキュイ・オ・ショコラにぬります。

Ingrédients

ブール・プラリネ・ア・ラ・キャネル
- 15g　バター
- 30g　プラリネ・シナモン
  （プラリネ・アマンドゥ 30g とシナモン 1.5g で代用可）

パータ・グラッセ
- 100g　上がけ用ホワイトチョコレート
  （パータ・グラッセ・イヴォワール）
- 15g　プラリネ・シナモン
  （プラリネ・アマンドゥ 15g とシナモン 1.5g で代用可）
- 20g　ピーナッツオイル

- 適量　ココア
- 適量　シナモンパウダー

1. ブール・プラリネ・ア・ラ・キャネルをつくる。バターをポマード状にし、プラリネ・シナモンを2回に分けて加えてホイッパーで混ぜる。やわらかいできあがり。

2. パータ・グラッセをつくる。プラリネ・シナモンにピーナッツオイルを加えて溶く。

3. 2に溶かした上がけ用ホワイトチョコレート少量を加えてホイッパーでよく混ぜ、これをホワイトチョコレートに入れて気泡が入らないように【円】でゆっくり混ぜる（**a**）。

4. ビスキュイ・オ・ショコラは底のほうから1cm厚さを1枚とる。1のブール・プラリネ・ア・ラ・キャネルを片面にぬり（**b**）、キャルトンを敷いた直径18cmのセルクルに入れる（**c**）。冷蔵庫で冷やしておく。

5. ムース・プラリネ・ア・ラ・キャネルを口径10mmの丸口金をつけた絞り袋に入れ、ビスキュイとセルクルの間を埋めて縁に（**d**）3段くらい絞ってから、うず巻き状に半量を絞る（**e**）。パレットナイフでセルクルの縁まですりあげる（**f**）。

6. フォン・ドゥ・プログレを入れる（**g**）。

7. 残りのムースを絞り、セルクルの縁で平らにならす（**h**）。冷凍庫で冷やし固める。

8. 上面に2のパータ・グラッセを流し、パレットナイフでぬる（**i**）。しばらくおいて固める。

9. ココアとシナモンパウダーを混ぜる。

10. 8のセルクルをガスバーナーで軽く温めてはずす。型紙をのせ、9を茶こしでふる（**j**）。

11. プラリネ・シナモンのクレーム・オ・ブールをコルネに詰め、ココアをふっていない部分に細くジグザグ状に絞りだす（**k**）。

プラリネとシナモンのプログレ
Progrès au praliné et à la cannelle

歯に当たりムラングが崩れます。
数え切れぬほどの表情を持った歯触りが心に響きます。
すべての感覚がいっせいに目をやります。
食べごろの温度は、確かな香り味わいに持ちあげられる 17~18°C。
バターのムースの適温。
直径 18cm が 1 台できます。

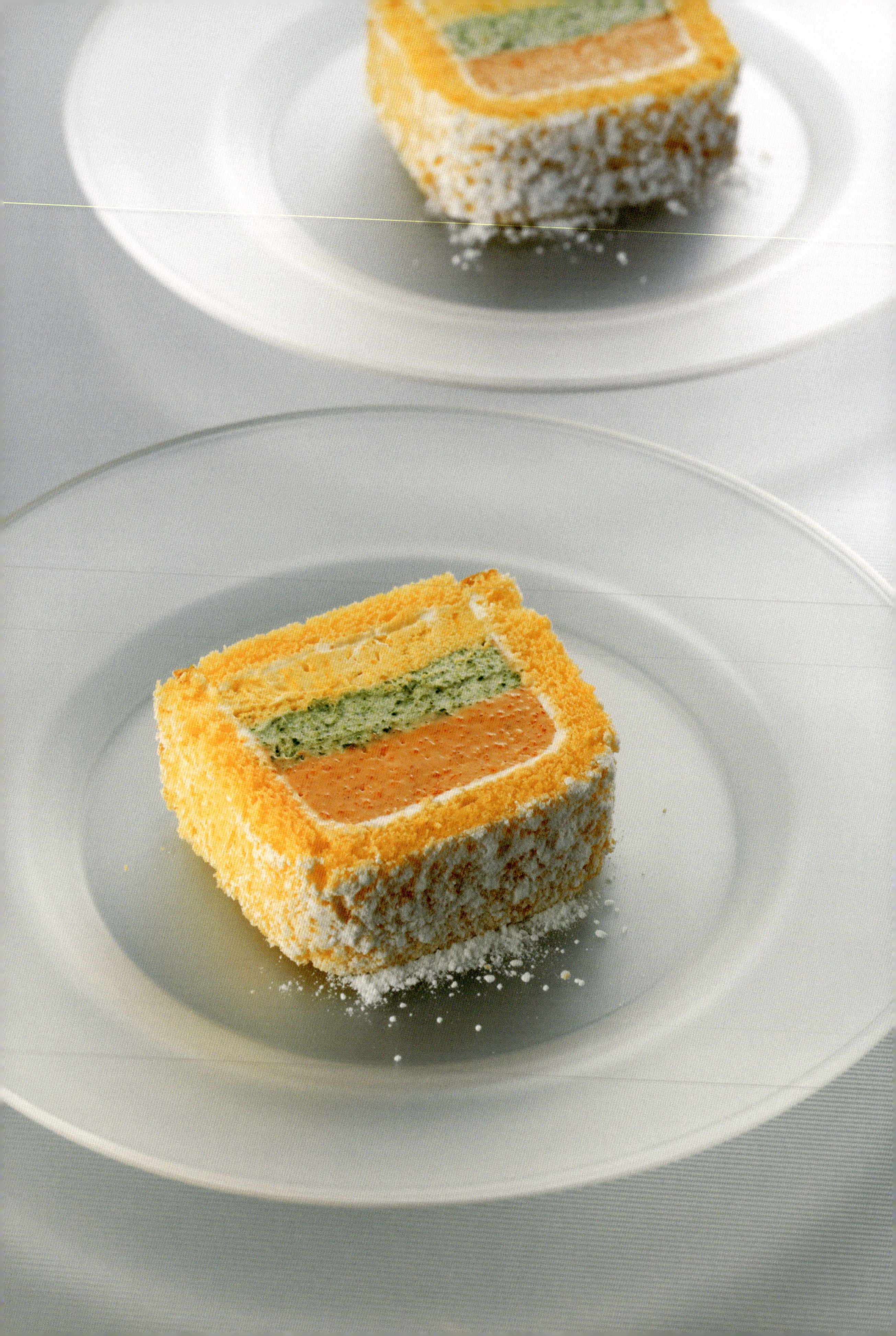

野菜のテリーヌ
Terrine de légumes

　赤ピーマンのムース、ほうれん草のクレーム・シャンティイ・オ・ショコラ・ブラン、かぼちゃのクレーム・シャンティイ・オ・ショコラ・ブラン。このお菓子は幾種類かの野菜のお菓子の連作の最後にできたものです。

　自分の心に合ったオリジナルをつくるということは、自分の心の一部分を映しだすということです。そして映しだされたものは、日常的に意識されているものと意識されていないものがあります。ふっと予感もなく意識の表に浮いてくるのです。この野菜のテリーヌはそれまでにまったく意識したことのない感覚でした。

　やわらかな陽射しの中に三つの野菜がまどろむように、お互いに身をまかせながらふっくら、ふっくらと、優しくふっくらと、深く深くビスキュイのやわらかさに意識が沈み込みます。

　ああ、こんなにふっくらとしたものが私の心にあるんだ。手づくりの仕事の数少ない、短かいけれどうれしい時なのです。でもそのうれしさを感じた瞬間に、このお菓子も自分のものではなくなります。創造とはそんなものなのです。

ビスキュイ・オザマンドゥ　　　　　　　　　　　　　　　Biscuit aux amandes

パウンド型で2本分つくるので、下記の分量で2回焼いてください。

Ingrédients　18cm角のキャドル1台分

- 20g　薄力粉
- 39g　コーンスターチ
- 72g　粉糖
- 70g　ローマジパン
- 33g　全卵
- 63g　卵黄

ムラング・オルディネール
- 72g　卵白
- 11g　グラニュー糖

- 23g　溶かしバター

1　天板に紙を敷き、キャドルを置く。

2　薄力粉とコーンスターチは合わせてふるう。

3　粉糖とローマジパンを手つき中ボウルに入れ、ローマジパンに粉糖をまぶしながら1cmほどにちぎる(a)。

4　全卵と卵黄を合わせる。3に半量弱を加え、ハンドミキサー(ビーター1本)の速度1番で粉糖が飛ばなくなるまで左回りに回しながら撹拌し(b)、さらに3番でダマのないように混ぜる。ポイントは→P91「プラリネとシナモンのプログレ」のビスキュイ・オ・ショコラ4参照。

5　残りのうち半量を加えて(c)10秒撹拌し、ボウルの内側をゴムべらで払い、残りを加えて3番で時計回りに1分30秒泡立てる。白くふっくらと泡立ち、たらすとリボン状に落ちて1秒ほど跡が残る(d)。

6　ムラング・オルディネールをつくる。深大ボウルに入れて冷やしておいた卵白とグラニュー糖を、ハンドミキサー(ビーター2本)の2番で時計回りに1分→3番でさらに2分ほど泡立てる(e)。

7　6に5を一度に加え、エキュモワールで10秒に12回くらいの速さで混ぜる(f)。

8　2を5〜6回に分けて加えて混ぜる。80%混ざったら、次を加えていく。最後の粉が80%混ざったら、ボウルの内側をゴムべらで払う。

9　溶かしバター(約40℃)を3回に分けて加える(g)。80%混ざったら次を加え、バターを全部入れ終わって80%混ざったらボウルの内側を払い、さらに30回ゆっくりと混ぜる(h)。

10　1に低いところから静かに入れる。ゴムべらで中央を低くする(i)。ていねいにならす必要はない。

11　オーブンで焼く。[電子レンジオーブン:予熱190℃/170℃で40分][ガス高速オーブン:予熱180℃/160℃で35分]　一度大きく膨らみ、表面が沈んできて平らになり、十分に焼き色がつくまでしっかり焼く(j)。

12　網にのせて冷ます。冷めたらキャドルをはずす。

赤ピーマンのムース

Mousse au poivron rouge

オランダから来た大きい赤ピーマンは甘くて涼しげで個性的な香りと味わいがあります。国産のものは香り、味わいが乏しいものが多いようです。どちらを使うにしろ、赤ピーマンの香りを高めるために、サフランパウダーやカイエンヌペッパーを加えます。赤ピーマンは香り、味わい自体は甘い味に向いた性質を持っているので、味わいをつくりあげるのはそれほど困難ではありませんでした。1本分ではクリームの量が少なすぎてつくりにくいため、2本分つくります。

Ingrédients 2台分（1台分は約150g）

138 g	生クリーム（乳脂肪分42%）	
9.2 g	粉ゼラチン	
46 g	水	
155 g	赤パプリカ（約小2個）	
78 g	グラニュー糖	
13 g	レモン汁	
0.3 g	ナツメグ	
0.7 g	バニラエッセンス（9滴）	
4.6 g	カルバドス	
0.7 g	サフランパウダー（プティクトーの先3mmで3すくい）	
0.1 g	カイエンヌペッパー	

1 生クリームを8分立てに泡立てて、冷蔵庫で冷やしておく。

2 粉ゼラチンは水でふやかしておく。

3 赤パプリカは縦2つに切り、種と白い部分を完全にとり除く。小さく切ってジューサーにかけて微細に挽く（**a**）。
ジューサーにかけるのが不十分だと、なかなか裏漉しできません。

4 目の細かいふるいに移し、カードで裏漉しする（**b**）（**c**）。

5 グラニュー糖からカイエンヌペッパーまでを加え、よく混ぜる（**d**）。

6 2のゼラチンを湯煎にかけて溶かして40℃にする。

7 6に5の1/3量を3回に分けて加え、ホイッパーでよく混ぜる【円】。残りを少しずつ加える。
一度に加えてしまうと、そのあとどれだけ混ぜても、ゼラチン液はすみずみまで拡散しません。オーバーにいえば、ゼラチンの大きめの粒が、それぞれつながらずバラバラに散在するために、固まる力が弱くなります。はじめに1/3量を3回に分けてよく混ぜながらのばしていけば、網の目状にゼラチン同士がつながりながら広がっていき、固まり具合もしっかりします。

8 弱火にあて、ホイッパーでボウルの底を軽くこすりながら加熱して40℃に上げる（**e**）。
アパレイユをゼラチンの凝固点の36℃より上に加熱することによって、完全にゼラチンをアパレイユに細かく拡散させて、固まる力をしっかりさせます。

9 5が入っていたボウルに移しかえる。氷水にあてて、空気が入らないようにホイッパーを手早く小刻みに不規則に動かしながら底全体をこするようにして混ぜ、一気に15℃に下げる（**f**）。
ボウルの熱で生クリームが傷まないように移しかえます。通常、ムースの場合は、アパレイユは10℃ほどまで冷やして生クリームを混ぜます。ここではほうれん草とかぼちゃのクレーム・シャンティイのしっかりした歯触りに負けないように、ゼラチンを多く加えてかたさをだします。そのため10℃まで冷やすと、ゼラチンとアパレイユが強く固まりはじめ、薄くのびて生クリームを包んでくれないので、15℃で生クリームと混ぜます。

Terrine de légumes

10 *1*の生クリームを*9*に3回に分けて加える。1回めは少し加えて【小刻みすくいあげ】で混ぜ(**g**)(**h**)、2~3回めは【円】と【すくいあげ】で手早く混ぜる。

11 下から上がってくるムースの色が上と同じになったら、生クリームの入っていたボウルに移しかえる。ホイッパーを立てて手早く10回混ぜる(**i**)。
ボウルを移すことで、まだ混ざっていない下部分を表面に返します。

ほうれん草のクレーム・シャンティイ・オ・ショコラ・ブラン　Crème chantilly au chocolat blanc et au épinard

冷凍ほうれん草はできればフランス産(本書ではアルカン社の製品を使用)を使ってください。今の日本のほうれん草は本来のとは違う味わいに変わってしまいました。たとえ冷凍でもフランス産のほうがずっとあたたかい味わいがあります。白胡椒とナツメグはほうれん草の香りを高めるために加えます。できれば直前にそれぞれ挽いたり、すりおろして加えると、香りはより鮮明になります。

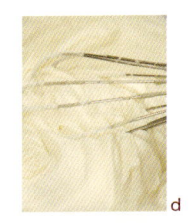

Ingrédients　2台分 (1台分は約150g)

60g	ほうれん草(冷凍)
53g	牛乳
0.1g	白胡椒
0.1g	ナツメグ
200g	生クリーム(乳脂肪分42%)
140g	ホワイトチョコレート(イヴォワール・カカオ分約31%)

1 生クリームは8分立てに泡立てて、10℃に調整しておく。

2 冷凍ほうれん草は解凍し、牛乳とジューサーにかける(**a**)。白胡椒(**b**)、ナツメグを加えて5秒ほど撹拌する。
ほうれん草の繊維を小さくして、舌に強く感じないようにします。味わいが半減するので、ほうれん草は繊維を切るだけで、裏漉しはせずに使います。

3 刻んだホワイトチョコレートを湯煎で溶かして50℃に調整し、*2*に一度に加えてホイッパーで手早く【円】で15回ほど混ぜる(**c**)。
ホワイトチョコレートは別の人に加えてもらってください。

4 さらに【すくいあげ】で手早く10回混ぜる。

5 しっかりとクリーミーな状態になるまで【円】で少しゆっくり混ぜる(**d**)。
これ以上混ぜると生クリームから離水が起こり、口溶けが悪くなります。完全に混ざっていなくてもかまいません。

6 *2*を加えて軽く混ぜる(**e**)(**f**)。

かぼちゃのクレーム・シャンティイ・オ・ショコラ・ブラン　　Crème chantilly au chocolat blanc et au potiron

生クリームとかぼちゃはとても相性がよく、あたたかく懐かしい味わいです。

Ingrédients　　2台分（1台分は約200g）

約¼個	かぼちゃ
217g	生クリーム（乳脂肪分48%）
110g	ホワイトチョコレート（イヴォワール・カカオ分約31%）

1　かぼちゃの裏漉しをつくる。かぼちゃは縦に3つに切り、スプーンで種をかきだす。蒸し器に入れ、竹串がすっと軽く入るまで蒸す。冷ましてから皮をとって裏漉しし、冷やしておく（**a**）。できあがりから200g使用する。
これは前日につくっておいてもいいです。

2　生クリームはやわらかめの7分立てくらいに泡立てて、10℃に調整しておく（**b**）。
生クリームのツヤがあり、トロッとしていて、ホイッパーをゆっくり持ちあげても角が折れるくらいのやわらかさ。かぼちゃと混ぜるのでやわらかめにします。これ以上かたく泡立てると最終的にボソボソになって口溶けが悪くなります。

3　*1*の裏漉ししたかぼちゃに*2*をゴムべらでひとすくい加えてつぶすように混ぜる（**c**）。これを4〜5回くり返し、混ぜやすいやわらかさにする（**d**）。
生クリームの⅗量ほどが入ってようやく全体がやわらかくなるので、急がずに混ぜていきます。手早く混ぜると生クリームがボソボソになり、さらにチョコレートを加えた時に熱で離水して口溶けが悪くなります。

4　*2*の生クリームに*3*を入れ（**e**）、ホイッパーでゆっくり混ぜる（**f**）。

5　刻んだホワイトチョコレートを湯煎で溶かして50℃に調整し、*4*に一度に加えて混ぜる（**g**）。
ほうれん草のクレーム・シャンティイ・オ・ショコラ・ブラン *3*〜*5*と同様にしてください。

Terrine de légumes

クレーム・シャンティイ　　　　　　　　　　　　　　　　　　　　　　　　Crème chantilly

Ingrédients　2台分（1台分は約65g）

- 125g　生クリーム（乳脂肪分42%）
- 12g　グラニュー糖

1. 生クリームとグラニュー糖を8分立てに泡立てる。

仕上げ　　　　　　　　　　　　　　　　　　　　　　　　　　　　　　　　Finition

上口長さ30cm×幅9cm、底寸長さ28cm×幅7cm、高さ6cmのパウンド型を使います。

Ingrédients

- 適量　粉糖

1. 長さ28cm×幅18cmの紙を2枚用意する。
2. ビスキュイ・オザマンドゥの表面を平らに切り落とす。裏返して下から厚さ1cmを3枚とる。
3. 3枚の生地を写真（a）のようにカットして組み合わせて使う。型にはめ込む用は、生地1枚（18cm×18cm）はそのまま使い、もう1枚の生地から長さ18cm×幅10cmに切ったものをたして長さ28cm×幅18cmにして紙の上に置く（写真の奥）。底用は長さ28cm×幅5.8cmになるように生地を切って2枚組み合わせる（写真の手前）。それぞれ冷蔵庫でよく冷やしておく。
4. 生地すべてにクレーム・シャンティイをぬる（b）。
5. 1にはめ込み用の生地をのせ、紙ごと型にきっちりはめ込む（c）（d）。冷凍庫で軽く凍らせる。底用の生地は冷蔵庫で冷やしておく。
6. 赤ピーマンのムースを流し入れ（e）、小さなカード（アクリル板などをカッターで3.5cm×7cmに切ったもの）でならす（f）。5分ほど冷凍庫で冷やし固める。
7. ほうれん草のシャンティイ・ショコラを流し入れ、6と同様にならす（g）。冷凍庫で10～15分冷やしてしっかり固める。この上に流すかぼちゃのシャンティイ・オ・ショコラはかためなので、やわらかめのほうれん草のシャンティイ・オ・ショコラを十分に固めないと、2つのクレームが混ざってきれいな層になりません。
8. かぼちゃのシャンティイ・オ・ショコラを口径10mmの丸口金をつけた絞り袋に入れて絞り（h）、同様にならす。
9. 底用の生地をクレーム・シャンティイをぬった面を下にしてかぶせる（i）。冷蔵庫で冷やし固める。
10. 十分に冷えて固まったら両端をプティクトーではずし、紙ごと型からはずしてキャルトンにのせる。表面全体にグラシエール（粉糖入れ）で粉糖をたっぷりふる。

野菜のテリーヌ
Terrine de légumes

心軽く躍るような色合い。
ビスキュイもムースもクレーム・シャンティイも
軽やかにふっくらと懐かしい。
食べごろの温度は7℃くらい。あまり冷たいと
3つの野菜の微笑みかけるやさしい味わいが隠れてしまいます。
上口長さ30cm×幅9cm、底寸長さ28cm×幅7cm、高さ6cmの
パウンド型で2台できます。3cm幅にカットして1台で9個分。

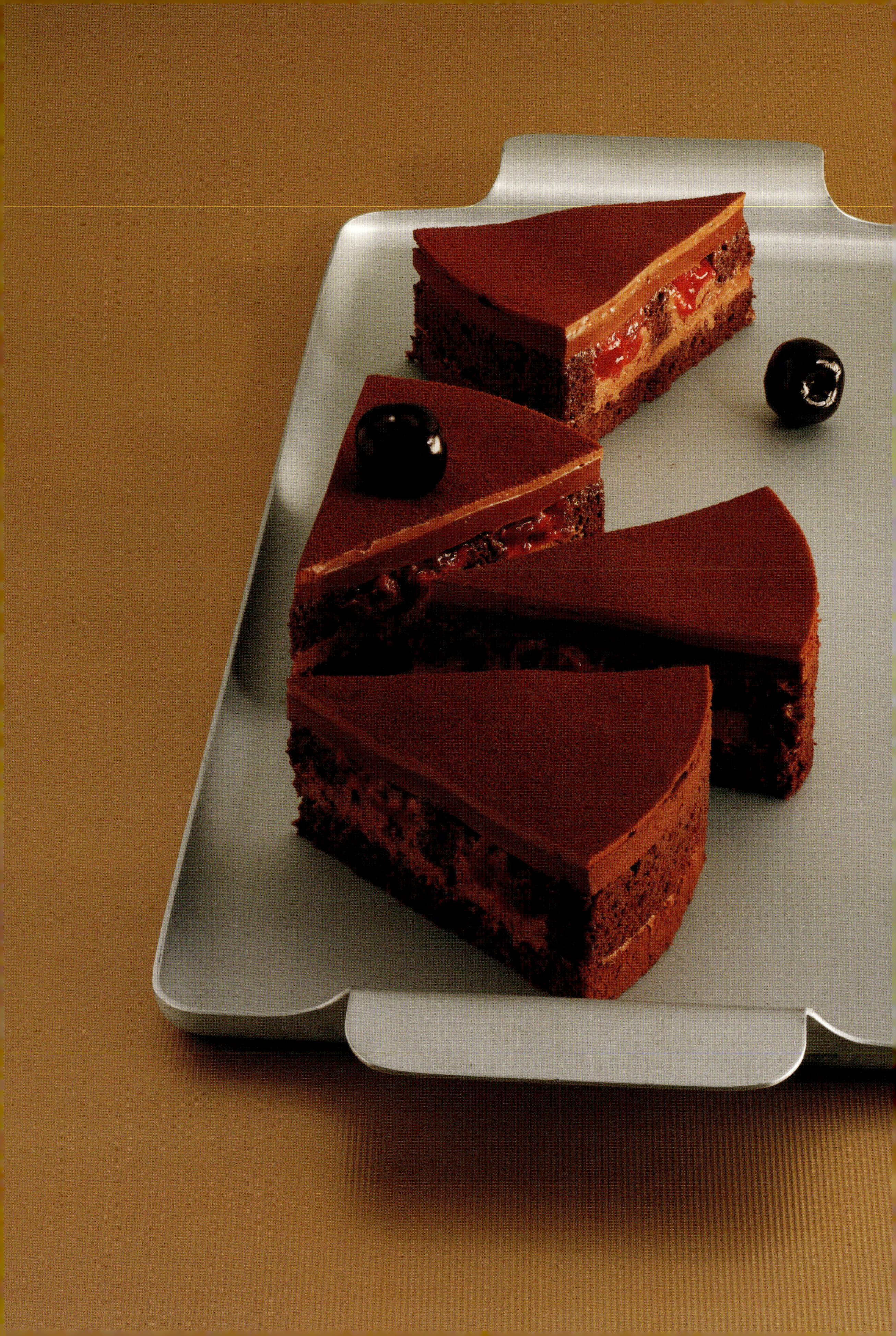

ビスキュイ・オ・ショコラとババロアズ・ショコラ、グリヨットゥのガルニチュール、クレーム・シャンティイ・オ・ショコラの組み合わせ。どこでもよく見られるサッとしたシャープな味わいだけのキルシュ・トルテにとどまらず、よりフランス的な、もっと人間の心の奥底にある生々しく熱い情念を表わすようなものにできないかと考えてつくりました。

　生々しい熱い情念は、香りがその他の味わいの要素を、ひとつの意志のもとに密度を持ってまとめあげなければなりません。妖しい香りは、濃密な低く抑えられたうめき声とともに、ぬめるよ

スリーズィエ
Cerisier

うな舌触りに溶け込んでいなくてはならない。そう思いながら香りを選び、重ね合いました。

　自著の「Pâtisserie française その imagination I」で、オペラというお菓子はその味わいの中に、フランスの重々しい歴史とオペラ座のざわめきが感じられるものでなければならないと書きました。その記述にかつて多くの人は半ば不快な違和感を感じたようです。でも私のお菓子には、学生の頃に読んだ世界の偉大な作家たちの本の中に流れる感情が、私のある種狂気じみた重すぎる感情を通して流れ、ひとつの味わいを形づくっているのです。

　この日本はフランスではありません。フランス的なものを形づくるための必然も環境もありません。そのため自分の心の中に自分なりの多様性と多重性をつくらなければなりませんでした。日本人としての受け身の意識を壊さなければなりませんでした。自分なりのフランス人的なものを追い求めるほどに、破滅的な人生への誘いが私をさいなんだのも事実なのです。

ガルニチュール　　　　　　　　　　　　　　　　　　　　Garniture

ジャムベースとコーンスターチの両方を使うのは、コーンスターチで保形性のあるとろみと舌触りを得て、ジャムベースによって糊化したコーンスターチとグリヨットゥそのものからの離水をできるだけ防ぐためです。クローヴは香りにツンとした芯の強さを与えるために加えます。

Ingrédients　　1台分

4むき	レモンの皮
3個	クローヴ
185 g	グリヨットゥ（冷凍）
1.4 g	ジャムベース
4.2 g	グラニュー糖
185 g	リキュール（ギニョレットゥ・キルシュ）
10 g	コーンスターチ
1/3 本	バニラ棒
6.6 g	レモン汁
5.3 g	コンパウンド・オレンジ

1 レモンの皮にクローヴをさしておく（**a**）。
こうするとあとでとりだすのが楽です。

2 グリヨットゥは凍結した状態で3つに切ってから、解凍する。解凍したらすぐに使う。
時間がたってから使うと、グリヨットゥからの離水が多くなり、コーンスターチのとろみが弱くなります。

3 小さいボウルにジャムベースとグラニュー糖を入れてホイッパーでよく混ぜる。リキュールをスプーン2杯分加えてダマができないように混ぜ、これを残りのリキュールに入れて混ぜ合わせる。

4 小さいボウルにコーンスターチを入れ、*3* を少しだけ加えて（**b**）ダマのないようにのばし、残りを加えてよく混ぜる。
コーンスターチと混ぜると白濁します。

5 手つき鍋に *1*、*2*、*4*、バニラ棒を入れて（**c**）中火にかけ、時々やさしく混ぜながら加熱する（**d**）。軽く中心が沸騰してから15秒ほど加熱して火をとめる。
十分にとろみがつくと、コーンスターチの澱粉が糊化して透明感がでてきます（**e**）。

6 ボウルに移し、レモン汁とコンパウンド・オレンジを加えて混ぜる。

7 表面が乾燥しないように、ラップをぴったり貼りつけて、氷水にあてて5℃まで冷やす（**f**）。
レモンの皮とクローヴ、バニラ棒はそのまま入れておき、できるだけ香りを移します。この時は混ぜないで冷やしてください。混ぜすぎると離水が起きてとろみがやわらかくなり、切り分けた時の保形性が悪くなります。

8 使う時にレモンの皮とクローヴ、バニラ棒をとり除く（**g**）。

ビスキュイ・オ・ショコラ　　　　　　　　　　　　　　　　Biscuit au chocolat

Ingrédients　　直径18cmのセルクル1台分

- 32 g　コーンスターチ
- 26 g　ココア
- 38 g　粉糖
- 56 g　ローマジパン
- 27 g　全卵
- 53 g　卵黄

ムラング・オルディネール
- 56 g　卵白
- 9 g　グラニュー糖a
- 19 g　グラニュー糖b

- 18 g　溶かしバター

1　P91「プラリネとシナモンのプログレ」のビスキュイ・オ・ショコラ **1〜9** と同様にする。ただし、ムラング・オルディネールは手つき中ボウルに入れて冷やしておいた卵白とグラニュー糖 a をハンドミキサー（ビーター 2 本）の2番で1分→3番で2分泡立て、グラニュー糖 b を加えてさらに30秒泡立てて、深大ボウルに移しかえる。

2　オーブンで焼く。[電子レンジオーブン：予熱200℃／180℃で25分][ガス高速オーブン：予熱190℃／170℃で25分] こんもり浮いた表面がほぼ平らになり、指の先にしっかりした弾力が感じられるまで焼く(**a**)。網にのせて冷ます。

このお菓子の味わいのトーンは、チョコレートとグリヨットゥによってとても高くなっているので、十分に深く焼いてしっかりしたかたさをださないと、生地の味わいが埋もれてしまいます。

ババロアズ・オ・ショコラ　　　　　　　　　　　　　　　　Bavaroise au chocolat

1台分では少なすぎてつくれないため、2台分つくります。

Ingrédients　　直径18cmのセルクル2台分

- 2.9 g　粉ゼラチン
- 15 g　水
- 69 g　生クリーム（乳脂肪分48％）

クレーム・アングレーズ
- 99 g　牛乳
- 1/6 本　バニラ棒
- 28 g　卵黄
- 35 g　グラニュー糖
- 17 g　ココア

- 12 g　スイートチョコレート（アメール・オール・カカオ分約66％）
- 0.6 g　バニラエッセンス（8滴）

1　セルクル2個の底にラップを貼り、冷蔵庫で冷やしておく。

2　粉ゼラチンを水でふやかしておく。

3　生クリームを8分立てに泡立てて、冷蔵庫で冷やしておく。

4　クレーム・アングレーズをつくる（→P159 **1〜5**。ここでは **4** の前にココアを加えて混ぜる）。

ここでココアが混ざらなくてもかまいません。加熱しているうちに溶けます(**a**)。

5　80℃になったら火からおろし、2のゼラチン（b）、刻んだスイートチョコレートを加えて手早く混ぜて溶かす【円】。これを漉す。

6　氷水にあてて、ホイッパーでボウルの底をまんべんなく手早くこすりながら40〜50℃まで冷まし（c）、いったん氷水からはずしてバニラエッセンスを加えて混ぜる。

7　ふたたび氷水にあてて、ホイッパーで同様に混ぜながら20℃まで冷やす。
これ以上冷やすとセルクルに流す時にかたくてのばしにくくなります。

8　3の生クリームを3回に分けて加えて混ぜる。1回めは【円】と【小刻みすくいあげ】で混ぜ（d）、2〜3回めは【円】と【すくいあげ】で手早く混ぜる。下から上がってくる色が上と同じになったら、ゴムべらで底をこすってよく混ぜる（e）。
量が少ないので、別のボウルに移しかえなくても底をゴムべらでこすれば十分混ざります。

9　1に流して平らにならす（f）。冷凍庫で冷やし固める。

クレーム・シャンティイ・オ・ショコラ　　　Crème chantilly au chocolat

Ingrédients　1台分

- 142g　生クリーム（乳脂肪分35％）
- 71g　ミルクチョコレート（ラクテエクストラ・カカオ分約37％）
- 35g　セミスイートチョコレート（アメリカオ・カカオ分約72％）
- 22g　ジャンドゥーヤ
- 0.4g　バニラエッセンス（5滴）

1　直径18cmのボウルで生クリームを8分立てに泡立てて（a）、10℃に調整する。

2　ミルクチョコレート、セミスイートチョコレート、ジャンドゥーヤを合わせて湯煎で溶かし、バニラエッセンスを加えて45℃に調整する。

3　2を1にホイッパーで【円】で手早く混ぜながら一度に加え（b）、さらに【すくいあげ】で混ぜる。混ざればよく（c）、混ぜすぎは禁物。
チョコレートを加えて混ぜた時にちょうどなめらかになるように、生クリームとチョコレートの温度を調整します。どちらかが熱すぎると、生クリームから離水して口溶けが悪くなります。生クリームに対するチョコレートの量でチョコレートの温度は異なります。加える時は別の人に入れてもらってください。

仕上げ   Finition

Ingrédients

ポンシュ
- 100 g リキュール（ギニョレットゥ・キルシュ）
- 12 g レモン汁
- 27 g キルシュ酒
- 68 g 30°ボーメシロップ

- 300 g パートゥ・ドゥ・カカオ（カカオマス100％）
- 300 g カカオバター（カカオバター100％）
- 3個 ドレンド・ブラックチェリーなど

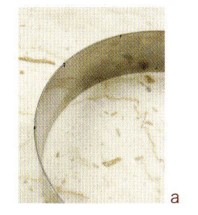

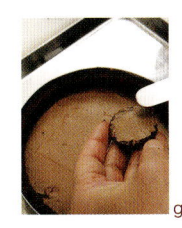

1 直径18cmのセルクルの縁に10等分の印をつける（**a**）。これはあとで切り分ける時にナイフを入れる目印です。

2 ビスキュイ・オ・ショコラの焼き面を切り落とし、裏返して下から厚さ1.2cmを2枚とる。
このお菓子はとてもトーンの高いお菓子なので、下のかための生地を使ったほうがバランスがいいのです。

3 1枚の生地は幅1.7cmに切り（**b**）、1本が長さ55cm、もう1本が34cmになるようにつなげる。*2*の残りの生地（厚さ6mm弱）から直径4cmの丸ぬき型で3枚ぬく（**c**）。3枚を重ねて厚さが1.7cmになるようにする。

4 ポンシュの材料すべてをボウルに入れてよく混ぜる。

5 ポンシュを打つ。*3*の細く切った生地にはそれぞれ表裏の両面に軽く打つ（**d**）。もう1枚の底用の生地には下になる面にはごく軽く、上になる面には生地の厚さの⅓まで染み込むくらいに多めに打つ（**e**）。それぞれ冷蔵庫で冷やしておく。

6 底用の生地はポンシュを多く打った面を上にして、クレーム・シャンティイ・オ・ショコラをパレットナイフで薄くぬる（**f**）。キャルトンを敷いた*1*のセルクルに入れる。

7 長さ55cmの生地をセルクルの内側に貼りつけるように入れる。

8 丸くぬいた生地にクレーム・シャンティイ・オ・ショコラをぬり（**g**）、3枚を重ねる。これを*7*の中央に置く（**h**）。

9 クレーム・シャンティイ・オ・ショコラを口径7mmの丸口金をつけた絞り袋に入れ、*6*のセルクルにつけた印から中心に向かって放射線状に口金と同じ太さに10本絞る（**i**）（**j**）。

10 長さ34cmの生地を*9*で絞ったクリームのちょうど中間に並べる（**k**）。
これは全体の保形のための支えとなります。ガルニチュールは保形性よりも味わいを考えてかなりやわらかくしています。これ以上はかたくできません。セルクルに印をつけたのは、ちょ

うどクレーム・シャンティイ・オ・ショコラの真上から切る目印とし、このクレームが壁となってガルニチュールがもれず、かつ少しだけみえるようにするためです。この壁がないと、切る時にガルニチュールが崩れでて扱いにくく、見栄えも悪くなります。

11 ガルニチュールを混ぜないでそのまま、スプーンで生地と生地の間に生地の高さいっぱい（1.7cm）に入れる（**l**）（**m**）（**n**）。

12 上に凍らせておいたババロアズ・オ・ショコラをのせる（**o**）。

13 クレーム・シャンティイ・オ・ショコラを少量のせ、パレットナイフでぬる（**p**）。

14 冷蔵庫で1時間冷やし固めてから、冷凍庫でさらに15分ほどしっかり冷やす。

このお菓子は冷凍はできませんが、仕上げにチョコレートの吹きつけをするため、表面をしっかりと冷やします。十分に冷えていると吹きつけたチョコレートが瞬間的に固まり、とてもきれいなサラサラとした状態に仕上がります。

15 セルクルの印と同じところに、クレーム・シャンティイの表面に10ヵ所印をつける。

16 表面にチョコレートの吹きつけをする。チョコレートがまわりに飛ばないように囲むため、大きめの箱などを用意する。冬など寒い時季には、スプレーガンを使う1時間ほど前から暖かいところに置いて温めておく。

スプレーガンが冷たいと、瞬間的にチョコレートが固まって詰まってしまいます。スプレーガンがない場合は、表面にココアをふって仕上げてください。

17 パートゥ・ドゥ・カカオを湯煎で溶かしてカカオバターを混ぜ、40℃ほどに調整する。目の細かい茶こしで裏漉しし、スプレーガンのケースに充てんする。

スプレーガンを通るようにカカオバターを同量加え、チョコレートをサラサラの液状にします。小さな粒やかたまりがあると、スプレーガンは詰まってしまいます。

18 40cmほど離してチョコレートを吹きつける（**q**）。

スプレーガンをお菓子に近づけすぎると、厚くかかりすぎてきたなくなります。使い終わったスプレーガンは一度熱湯を通し、中のチョコレートをとり除いて乾燥させます。

19 セルクルをガスバーナーで軽く温めてはずす。チェリーを飾る。

20 包丁をガスの火でやっと触れるほどに熱し、*15*の印に合わせてカットする。

スリーズィエ
Cerisier

グリヨットゥの芯のある酸味を決して隠さずに、と考えつめれば、
ちょっとややっこしい組み立てになってしまいました。
食べごろの温度は、スリーズィエの酸味に力が感じるほどに
少し冷たく7~8℃。
直径18cmが1台できます。

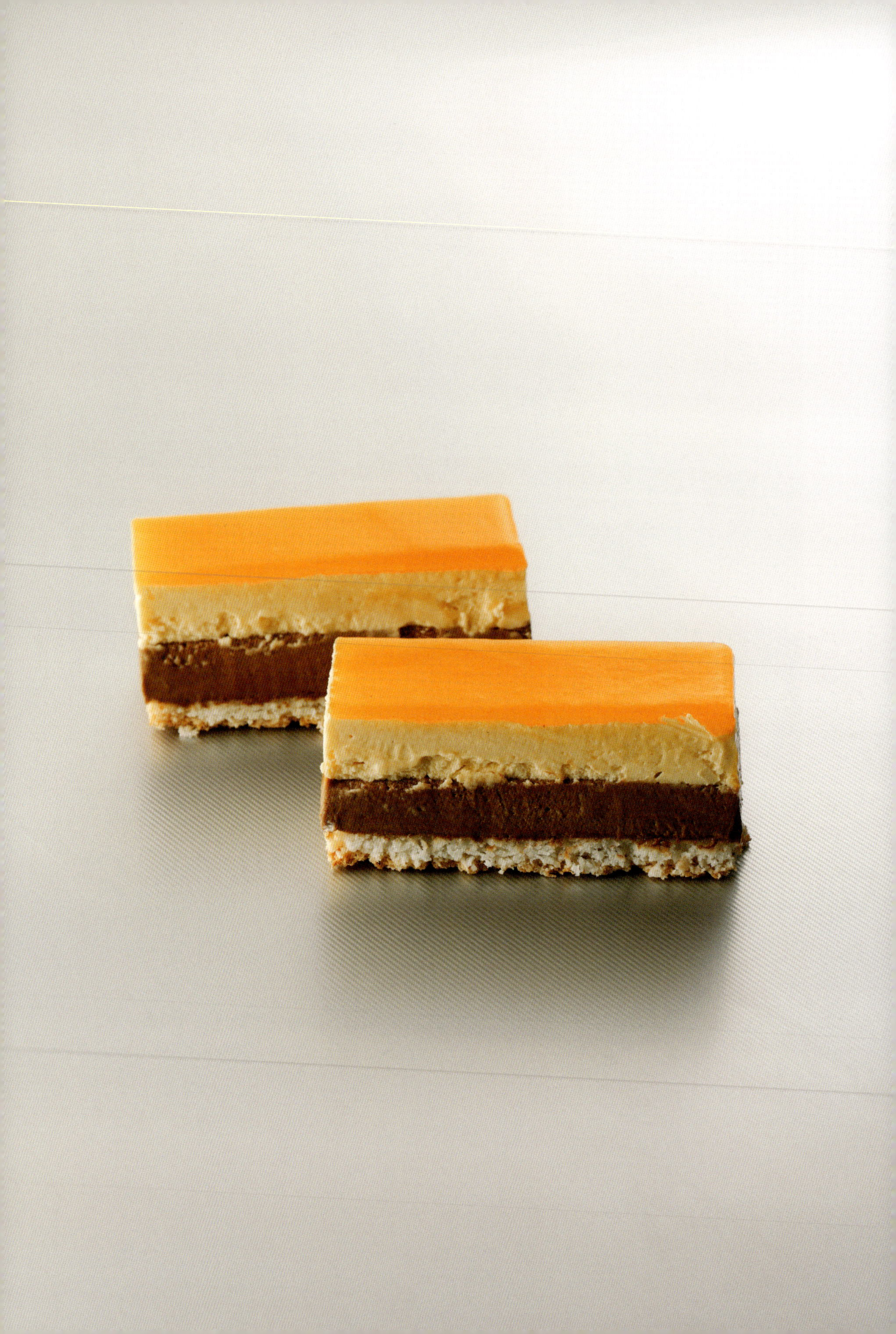

不倫の味の一つ
Un des goûts d'infidélités

　たぶん、また冗談とも本気ともつかぬたわ言がはじまったと思われるでしょう。
　このお菓子の深い香りの多重性、絡み合いと、煙草の煙が立ちのぼっていく時のような、身を揺らめかすような動きは、私の心のどこかにある常識を疎ましく思ったり、あるいはそこから抜けでることの恐ろしさ、ためらい、しかしそれにも増して抑えることのできない背徳への憧れというか、そういう部分と重なり合います。
　つまりある面では、人間がおいしいまずいと感じることは純粋に生理的なものではなく、ほぼ99%までが人間の頭の中を通って感情の衣をまとってでてきます。たしかにこのお菓子はおいしいのです。その心の衣のある部分が、それもいつもは意識することのない、より衝動のままに動く無意識の世界から来たものだから、新しいおいしさを感じるのです。味というのは、ある意味では言葉とまったく同質のものなのです。
　これは1994年のドゥニ・リュッフェル氏の技術講習会で紹介された、酸味のある心に迫る味わいを持つチョコレートと八角のムースと、私が新しく創ったパッションフルーツのバターのムースが、翻るように身をくねるように香りを絡ませ合っています。

フォン・ドゥ・マカロン・ア・ラ・ノワ・ドゥ・ココ　　　Fond de macaron à la noix de coco

Ingrédients　　18cm角の深天板1枚分

- 45g　ココナッツファイン a
- 25g　グラニュー糖 a
- 11g　生クリーム（乳脂肪分42％）
- 0.15g　バニラエッセンス（2滴）
- 3滴　ココナッツエッセンス（スポイトで）

ムラング・オルディネール
- 53g　卵白
- 6g　グラニュー糖 b
- 8g　グラニュー糖 c

- 6g　ココナッツファイン b
- 適量　粉糖

1　天板の縁にポマード状のバターをぬり、この部分に粉をふる。ベーキングシートを敷く。
　砂糖が多く入るため、焼きあがりにはがしやすいようにベーキングシートかクッキングペーパーを使います。縁にバターをハケでぬり、粉をふるとあとではずしやすくなります。

2　ココナッツファイン a とグラニュー糖 a を手でよくすり合わせてから1回ふるう。冷蔵庫で冷やしておく。
　気温が高い時はココナッツファインから脂肪分がにじみでてムラングの泡が消えやすくなるので、材料すべてを冷蔵庫で冷やしておきます。

3　冷たい生クリームにバニラエッセンスとココナッツエッセンスを加え、軽く混ぜて冷やしておく。
　生クリームは冷たく、泡立てていない状態では、脂肪球が水分に包まれているので、6でムラングに加えても、直接卵白に触れないので泡は消えません。かならず全材料をよく冷やしておいてください。生クリームを加えることによって、よりやさしい歯切れになり、バターを加える場合とほぼ同じ効果が得られます。生クリームを加えるのは卵白のしなっとした引きと歯切れの悪さをとり除き、歯切れをホロッとやさしくするためです。ビスキュイやジェノワーズにバターを加えるのも、粉のグルテンや卵白の歯切れの悪さを切るためです。これらの生地は水と脂肪を混ざりやすくする乳化力を持つ卵黄が入るので、バターを加えても泡が消えません。しかし卵白だけの生地では表面張力が強く働き、バターと泡は反発し合って消えてしまうので生クリームを加えます。

4　ムラング・オルディネールをつくる。手つき中ボウルに入れて冷やしておいた卵白とグラニュー糖 b を、ハンドミキサー（ビーター1本）の速度2番で1分→3番で1分30秒泡立てる。グラニュー糖 c を加え、さらに1分泡立てる（ a ）。

5　2を5~6回に分けて加え、エキュモワールで10秒に12回の速さで混ぜる（ b ）。80％混ざったら次を加えていく。

6　3を2回に分けて加え（ c ）、ほぼ混ざったらボウルの内側をゴムべらで払い、さらに25回混ぜる（ d ）。

7　1に入れて平らにならす。天板の縁に沿って親指の先で軽く溝をつけ（ e ）、焼きあがりにはずしやすくする。ココナッツファインをふり、グラシエール（粉糖入れ）で粉糖をふる（ f ）。

8　オーブンで焼く。[電子レンジオーブン：予熱200℃／180℃で17分][ガス高速オーブン：予熱180℃／160℃で17分]　表面と底の2/3~全面に明るい焼き色をつける。冷めてからもやわらかさがあるように焼く。

9　プティクトーで生地と天板を切り離し、裏返して網にのせる。ベーキングシートをはがし、水分を飛ばして冷ます（ g ）。

クレーム・シャンティイ・オ・ショコラ　　Crème chantilly au chocolat

Ingrédients

八角の煮だし
- 17g　八角
- 35g　グラニュー糖a
- 61g　水

パータ・ボンブ
- 35g　グラニュー糖b
- 15g　八角の煮だし（上記）
- 40g　卵黄
- 5g　リカール

- 2〜3個　八角
- 186g　生クリーム（乳脂肪分42%）
- 10g　粉糖
- 10g　八角の煮だし（上記）
- 42g　セミスイートチョコレート（アメリカオ・カカオ分約72%）
- 29g　スイートチョコレート（スーパー・ゲアキル・カカオ分約64%）

1 八角の煮だしをつくる。八角とグラニュー糖a、水を手つき鍋（小）に入れて軽く沸騰させ、火をとめる（**a**）。

2 フタをして4時間おいて香りを移す。漉し器で漉す。約70gとれる（これ以下ではつくりにくい）。

3 パータ・ボンブをつくる（→P158）。ただし水ではなく、グラニュー糖bと*2*の八角の煮だし15gを鍋に入れ、軽く沸騰させて卵黄に加える。リカールも加えて軽く混ぜてから、火にかける。できたら氷水にあてて20℃まで冷ます。
砂糖が多いので、いくらかやわらかめでツヤのあるパータ・ボンブができます（**b**）。あまり冷たいとチョコレートを合わせた時にチョコレートが固まってしまいます。

4 八角をコーヒーミルで挽き（**c**）、目の細かいふるいを通す（**d**）。これを1g使う。
市販品のパウダーは香りが弱いので、使う時に挽きます。

5 生クリームを5分立てほどに泡立てる。*4*の八角を粉糖に加えて指で混ぜて（**e**）加え、さらに泡立てる。*2*の八角の煮だし10gも加えて（**f**）さらに泡立て、7分立てほどにする。
まだツヤがはっきりとあり、ボウルをゆすると全体が大きく動き、ゆっくりホイッパーを持ちあげても生クリームの角がたれてしまうほどのかなりのやわらかさです。深く泡立てると生クリームから離水しやすいので注意してください。

6 2種類のチョコレートをボウルに入れて湯煎で溶かし、75℃に正確に調整する。

7 *6*を*5*にホイッパーで【円】で手早く15回ほど混ぜながら一度に加える（**g**）。
チョコレートは別の人に入れてもらいます。

Un des goûts d'infidélités

8 次に生クリームとチョコレートがほぼ混ざるまで【すくいあげ】で混ぜる(**h**)。さらにゆっくりと、ボウルについた生クリームをこすりとりながら大きく【円】でなめらかになるまで混ぜる(**i**)。

ここで手早く混ぜると離水してくるので注意します。生クリームやチョコレートは完全に混ざらなくてもかまいません。混ぜすぎると離水してきます。

9 20℃に調整したパータ・ボンブを3回に分けて加え、木べらで【90度】で手早く混ぜる(**j**)。ほぼ混ざったら、ボウルの内側をゴムべらで払い、さらに20回混ぜる。あと2回も同様に混ぜる(**k**)。

パータ・ボンブはバターと合わせる場合は20〜30℃に温度調整しますが、ここでは生クリームと合わせるので温かいと離水するため、例外的に20℃に調整します。クレーム・シャンティイ・オ・ショコラは粘りが強いので、手早く強く混ぜないと十分にのびず、混ざりが悪いと分離することがあります。パータ・ボンブの泡は煮詰め具合がよければ衝撃には強いので、強く混ぜてもつぶれません。

ムース・ア・ラ・フリュイ・ドゥ・ラ・パッション　　　Mousse à la fruit de la passion

パッションジュースは煮詰めてから加えます。煮詰めたパッションフルーツのジュースは酸度が強く、混ぜ終わったころには少し卵白からの離水が起きますが、量をこれ以下に減らすとパッションフルーツの味が薄まり、印象も薄くなります。少しの離水は舌触りには影響ありません。

Ingrédients

- 168g　バター
- 12g　卵黄
- 26g　半量に煮詰めたパッションフルーツのジュース
- 26g　パッションフルーツのリキュール
- 14g　マール酒
- 12g　ホワイトラム
- 1.4g　バニラエッセンス（18滴）

パッションフルーツのムラング・イタリエンヌ
- 53g　グラニュー糖 a
- 18g　パッションフルーツのジュース
- 30g　卵白
- 5g　グラニュー糖 b
- 3g　乾燥卵白

1 バターをやわらかめのポマード状にし、卵黄を一度に加えてホイッパーで50回ほどよく混ぜる【円】。

2 半量に煮詰めたパッションフルーツのジュース(**a**)を一度に加え、50回よく混ぜる(**b**)。

ホイッパーを混ぜる手が重く感じて混ざりにくくなったら、ボウルの底を弱火にほんの2、3秒あてて混ぜると、バターがやわらかくなって混ざりがよくなります。

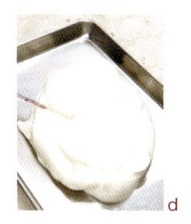

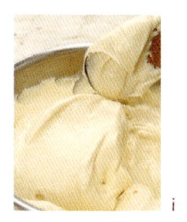

3　パッションフルーツのリキュール、マール酒、ホワイトラムを順にそれぞれ3回に分けて加えて50回ずつよく混ぜる(**c**)。

4　バニラエッセンスを加えてよく混ぜる。

5　パッションフルーツのムラング・イタリエンヌをつくる。P58「暖かく身を寄せ合うマンゴーとチーズ」のムース・ア・ラ・マンゴー **2〜4**と同様にする。

6　全量をバットにのばし、**8**でバターが溶けだしても固まらない25℃前後(20〜30℃)に調整する(**d**)。

ムラングの温度が高いと、その熱でバターが溶けだして泡が消えてしまいます。冷たすぎるとバターが固まってムラングと混ざらないため、泡がつぶれて分離します。そのためムラング・イタリエンヌは25℃前後に調整します。

7　**4**のボウルの底を弱火に2、3秒あててはよく混ぜてやわらかくする(**e**)。

テリがでてかなりトロトロした状態で、ボウルをゆすると大きく動き、ホイッパーの跡が大きく沈み、ゆする前の⅓の高さしか残らないくらいにやわらかくします。バターを少し溶かしては、溶けていない部分を包むようなイメージでよく混ぜます。こうするとバターのつながりがよく、混ぜる時にバターの層が切れて分離するのを防ぎます。

8　**6**をゴムべらでおよそ9等分する(**f**)。これを⅑量ずつ**7**に加えていく。1〜2回めはホイッパーでムラングのザラッとした感じが残るほどに【円】と【すくいあげ】で軽く混ぜる(**g**)。

9　3〜4回めは木べらで【90度】手早く混ぜる(**h**)。ムラングがほぼみえなくなったら、ボウルの内側をゴムべらで払い、さらに20回ずつ混ぜる。

10　5回めは少しゆっくりめに混ぜる。ムラングがみえなくなったらボウルの内側を払い、さらに10回ほど混ぜる。

11　6回めを加え、10秒に10回の速さでゆっくり混ぜる。

12　ほぼ混ざったら、残りを一度に加え、途中でボウルの内側を払い、ムラングがみえなくなるまでゆっくり混ぜる(**i**)。

Un des goûts d'infidélités

ジュレ・ドゥ・フリュイ・ドゥ・ラ・パッション　　　　　　Gelée de fruit de la passion

日本では以前は寒天やゼラチンなどで上がけのジュレをつくっていました。寒天は水分に弱く、水分の多いフルーツなどにぬると短時間で沈んでしまいます。ゼラチンでつくったジュレは乾燥に弱く、すぐに干からびてしまいます。何よりも上がけのジュレは、お菓子の味わいの大事な一部分という考えがありませんでした。フルーツなどに「ツヤをだす」、ただそれだけの役割しか与えられていませんでした。私はジュレのほとんどはペクチンでつくります。ペクチンでつくったものは水分にも乾燥にも強く、5℃以下のよく冷えた冷蔵ショーケースで24時間はきれいな状態を保ちます。また、舌触りもツルンとしてみずみずしく、とてもおいしいものです。上がけのためのジュレは、みた目のきれいさだけではなく、さまざまな役割を持っています。香りや味を補強したり、クレーム、生地にバランスを与えたりします。ほかの部分との相性をよく考えて、香りや味の強さ、ジュレのやわらかさを考えなければなりません。

Ingrédients

38 g	グラニュー糖
2 g	ジャムベース
100 g	パッションフルーツのジュース
32 g	水飴
1 g	レモン汁
5 g	マール酒
2 g	ホワイトラム
2 g	パッションフルーツのリキュール
0.15 g	バニラエッセンス（2滴）

1　グラニュー糖とジャムベースをよく混ぜる。

2　パッションフルーツのジュースを手つき鍋（小）に入れ、1を加えてスプーンでよく混ぜる。火にかけて沸騰してからごく弱火にし、アクをとりながら2分加熱してとろみをより強くつける（a）。
これはバターのムースの上にぬるジュレなので、2分煮詰めてジャムのような粘度をださないとはじかれてしまいます。

3　裏漉しし、水飴を加えて混ぜる。
水飴は分離を防ぎます。

4　50℃ほどに冷めたら、レモン汁からバニラエッセンスまでを一度に加えて混ぜる（b）。

仕上げ　　　　　　Finition

1　フォン・ドゥ・マカロン・ア・ラ・ノワ・ドゥ・ココは18cm角のキャドルに入るように四辺を切りそろえる。粉糖をふった面を下にして、キャルトンを敷いたキャドルに入れる。冷蔵庫で冷やしておく。

2　クレーム・シャンティイ・オ・ショコラを口径10mmの丸口金をつけた絞り袋に入れて絞り（a）、平らにならす。冷蔵庫で冷やし固める。

3　ムース・ア・ラ・フリュイ・ドゥ・ラ・パッションを口径10mmの丸口金をつけた絞り袋に入れて絞り、パレットナイフで平らにならす（b）。冷蔵庫に2時間ほど入れて十分に冷やし固める。
冷凍保存する場合はここで冷凍します。

4　ジュレ・ドゥ・フリュイ・ドゥ・ラ・パッションを流し（c）、パレットナイフでのばす（d）。キャドルをガスバーナーで軽く温めてはずす。

不倫の味の一つ
Un des goûts d'infidélités

バターのムースの食べごろの温度は普通 15℃ほどです。
クレーム・シャンティイ・オ・ショコラは 10℃ほど。
パッションフルーツの味わいと香りに清々しさを与え、
チョコレートにゆらめく香りを与えるために
このお菓子の食べごろの温度は 12~13℃です。
18cm 角が 1 台できます。3cm × 9cm にカットして 12 個分。

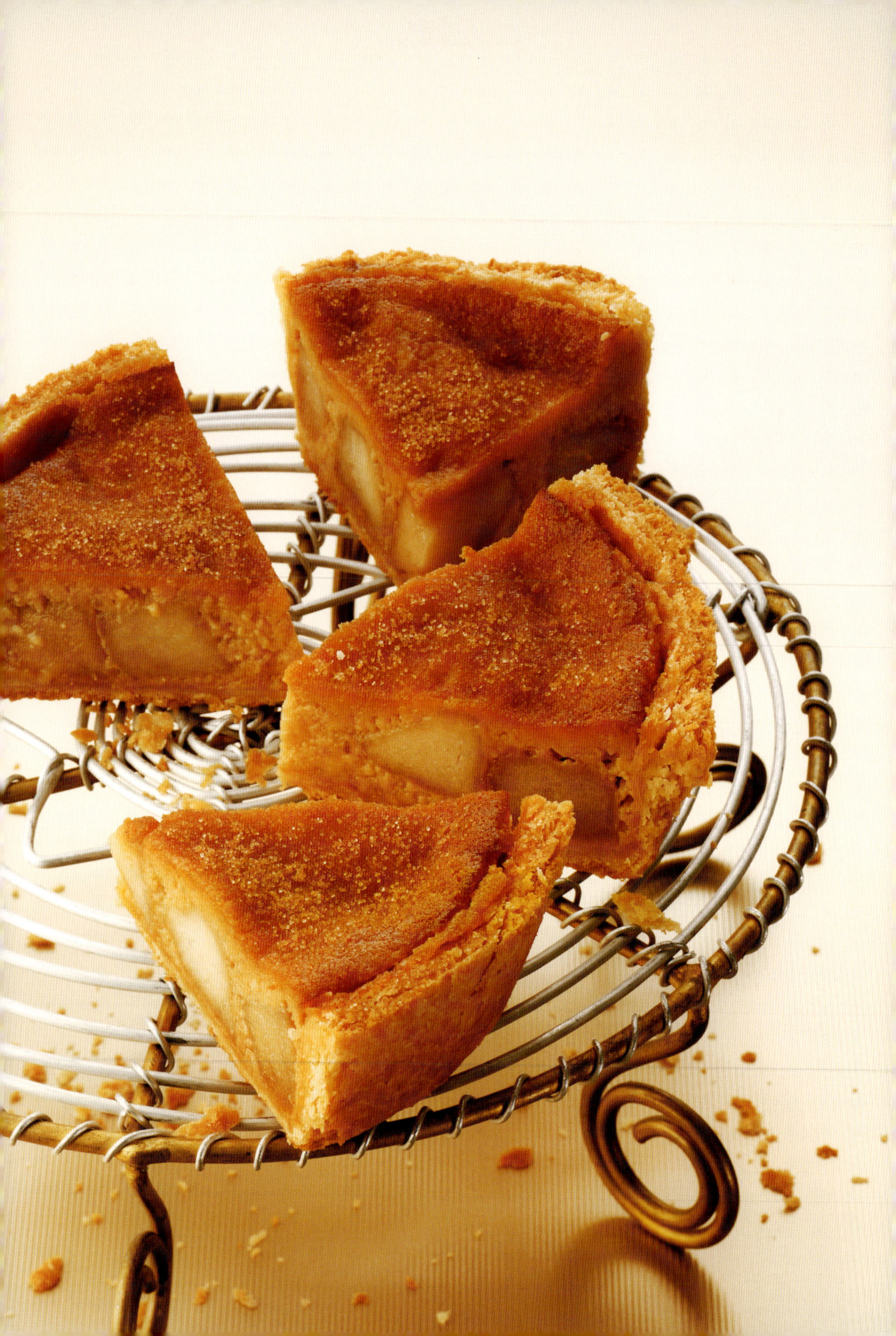

日本のりんごは多量の農薬、そして過剰な嗜好や付加価値をつけるための品種改良などにより、りんごそのものの本来のおいしさははなはだしく失われています。噛めば寒々とした水のような味わいの果汁が飛びだし、後にはザラザラの繊維が残ります。

　日本のりんごも昔は本当においしかったんです。フランスで食べるタルトゥなどさまざまなりんごのお菓子を、今日本のりんごでつくったとしても、あの心と身体が深い充足感に包まれるおいしさを再現することはとても困難です。

　このタルトゥT・Yはさまざまなものを少しずつ積み重ねてつ

タルトゥ・テ・イグレク
Tarte T・Y

くりあげたものです。少し朗らかさには欠けているかもしれません。素朴な製法であるべきタルトゥとしては手が込みすぎているかもしれません。でもしっかりした全体の多様性と多重性はつくりあげることができたと思います。

　このお菓子は自分の仕事のひとつの区切りになると思えるものです。このような混沌とした力強さは、今の日本の食の領域にはほとんど残っていないものです。ある意味ではこの日本で時代と人に逆らいながら、自分の菓子屋としての人生の流れの中の、未だ未熟さに満ちていたあの時点で、よくここまで組み立てられたものだなというのが、私の偽らざる気持ちです。ひとつの道しるべとして、「T・Y」という私のイニシャルをつけたものです。

パートゥ・ブリゼ   Pâte brisée

パートゥ・ブリゼはまず粉をバター（脂肪）で包み込むことによって、小麦粉中のタンパク質と水の結合を抑え、グルテンの形成を抑えます。デンプン粒子もバターに包まれるため、焼成中に一度糊化してもそれぞれの粒子がくっつかずに焼きあがります。その結果、軽いやさしい歯触りになります。この生地はパートゥ・フィユテやパートゥ・シュクレに比べ、印象のトーンは低くなります。

Ingrédients
直径16cmのマンケ型3台分（1台分は210g）

166g	薄力粉
166g	強力粉
50g	全卵
26g	牛乳
30g	グラニュー糖
6g	塩
213g	バター
適量	ぬり卵

1 薄力粉と強力粉を合わせてふるい、冷凍庫で冷やしておく。

2 全卵をほぐし、牛乳とグラニュー糖、塩を加えて混ぜる。冷蔵庫で冷やしておく。

3 水でぬらしたデニムの布でバターを包み、麺棒で叩いてやわらかくする（**a**）。
けっして温めてやわらかくしないでください。焼成時に生地からバターがもれでてガリガリの歯触りになり、この生地の特長である軽い歯崩れが失われてしまいます。

4 *1*と*3*を直径24cmのボウルに入れ、バターを少しとって粉をまぶしながら薄くつぶして約5mm大にちぎる（**b**）。
バターが溶けないように手早くします。約10分かかるので、バターが溶けてきたらいったん冷蔵庫へ入れて冷やします。

5 次に両手ですくいあげては（**c**）、手のひらで軽くすり合わせて（**d**）混ぜていく。
力を入れないで軽くすり合わせないとかたまりになってしまいます。ただしバターと粉がよく冷えている場合は、温度がもどるまでは力を入れてすり合わせます。

6 約10分たつと、バターの粒はほとんどみえなくなり、サラサラした砂状になる（**e**）。表面を手で平らにならし、冷蔵庫で1時間やすませる。
手の温度によって時間は異なります。温かい人は早くサラサラになり、バターが溶けて少し黄色くなります。

7 *2*の卵液を*6*に5～6回に分けて加えていく。表面を平らにし、ハケで卵液を表面全体にちらす（**f**）。ちらすたびに、ボウルの底から両手で粉をすくいあげて、指の間からパラパラと粉を落として（**g**）軽く混ぜ合わせる。
ハケでちらすとまんべんなく水分を加えられます。

8 2回め以降も同様にする。5回めくらいからはかなり大きなかたまりになるが、そのままゆっくりとほぐし続ける。
*6*の時点で粉がサラサラになっていれば卵液がよく混ざっていきますが、バターが染みたようであれば、卵液の吸収が悪く、大きなかたまりができてきます。ですが味わいにはそれほど違いはでません。

9 卵液を全部入れて混ぜ終わったら、生地を両手で強くにぎり、4～5個のかたまりにする（**h**）。さらにこれらをひとつにまとめて全体を約15回大きくもむ（**i**）。やっとまとまったくらいの混ざり具合でよい（**j**）。
はじめから全体をもんでまとめるとグルテンが形成されてしまいます。またできたグルテンが引っぱられて緊張し、焼き縮みのより激しくかたい歯触りになります。圧力だけではグルテンはでません。「練る」「こする」作業によってでてきます。

10 ビニール袋に入れ、四角に切ってすぐにのせるようにカードで長方形に整える(**k**)。冷蔵庫で一晩やすませる。

一晩やすませると水分とバターが粉に相互に浸透し、生地のつながりがしっかりしてきます。白い粉が残っていると翌日に叩いてのばす時に生地が切れやすくなります。

11 直径16cmのマンケ型にポマード状にしたバターをハケで薄めにぬる。冷蔵庫で冷やしておく。

12 生地を厚さ3mmにのす(→P162「パートゥ・シュクレ」*13~15*参照)(**l**)(**m**)。

13 11の型にゆったりたるませてのせる(**n**)。

14 生地を型の底の角に合わせて内側に折り、折り目を指で押して(**o**)、型の底にきっちりと合わせる。

15 内側に折った生地を立て、親指で生地を下に押しつけて送り込むようにしながら側面に貼りつける(**p**)。

角のところで生地が少し重なるようにすると(**q**)、焼成時に生地が下に落ちて縁が低くなることがありません。

16 余分な生地をプティクトーで切り落とす(**r**)(**s**)。その日に焼く場合は、冷蔵庫で2時間以上やすませる。

パートゥ・ブリゼは形成されるグルテンは少ないのですが、砂糖が少ないため焼き縮みがより激しいので、長くやすませます。そのほうがグルテンの引きは消え、焼き縮みが穏やかになります。また冷凍するとグルテンから離水し、グルテンの引きは弱められます。冷凍保存する場合は、かならず型に敷くなど成形してから、ビニール袋に入れて冷凍してください。

17 オーブンで空焼きする。天板と重石も予熱しておく。冷蔵庫から生地をだし、10分ほどおいて常温にもどす。生地の上にベーキングシートを敷き、重石を型いっぱいに入れる(**t**)。予熱しておいた天板にのせる。[電子レンジオーブン：予熱230℃／210℃で17分][ガス高速オーブン：予熱210℃／190℃で17分]

家庭用オーブンは下からの熱が弱く、生地が冷たいとうまく熱が入りません。重石は蓄熱性の高いアルミ製を使用します（小豆やナッツはなるべく使わない）。

18 途中約14分たって縁に焼き色がついたら、紙をはがしてみて底にも焼き色が軽くついていたら、一度オーブンからとりだす。

19 重石と紙をはずし、すぐにぬり卵をハケで薄くぬり(**u**)、オーブンにもどして2~3分焼いて乾かす(**v**)。全体的に薄い焼き色がついて、底を触るとしっかりしたかたさがでていればよい。

Tarte T・Y | 123

レーズンのラム酒漬け　　　　　　　　　　　　　　　　Raisins secs macérés

3ヵ月ほど漬け込んでやっと味わいが深くなりはじめます。漬け込みが短いとラム酒の辛さしか感じられません。

Ingrédients

200g	レーズン（サルタナ種）
適量	ダークラム（レーズンがひたひたに浸る量）

1 レーズンは一度水洗いしてゴミや小さな枝などをとり除く。ザルにあけて水を切り、網に広げて半日～1日ほどおいて表面の水分を十分に乾燥させる。
　水分をしっかりとり除かないと、ラム酒が薄くなって味わいが弱くなったり、発酵することが稀にあります。

2 密閉容器にレーズンを入れ、ダークラムをひたひたに加える。10℃ほどのところ（家庭では冷蔵庫が無難）で漬け込みます。暑い時季は常温に置くと発酵して味わいを損ねます。1年ほど保存が可能ですが、これ以上置くと味わいは薄くなってきます。

コンポットゥ・ドゥ・ポンム　　　　　　　　　　　　　　Compote de pommes

甘みと酸味は強めのほうがお菓子全体の印象ははっきりしてきます。

Ingrédients　　できあがり約500g（32g使用する）

2個	りんご（ゴールデン種）
150g	白ワイン
150g	水
5g	レモン汁 a
1/5本	バニラ棒
1個	クローヴ
80g	グラニュー糖 a
適量	レモン汁 b
適量	グラニュー糖 b

1 りんごは皮をむいて芯をとり、2mm厚さの薄切りにする。

2 銅鍋に *1* のりんご、白ワイン、水、レモン汁、バニラ棒、クローヴを入れ、ふたをして弱火で煮る。5分ほど煮てりんごが黄色く透けてきたら、グラニュー糖 a の半量を加えて、ごく弱火にする。

3 1時間ほど煮て、りんごが薄い飴色になったら、残りのグラニュー糖 a を加えてさらに1時間煮る。
　2時間ほど煮ると、味に力強さがでてきます。煮詰まりそうな時は水を少したしてください。

4 2時間たったら火を少し強くして、木べらで底をこすりながら水分を飛ばす。木べらの跡が残るようになるまで煮詰める。

5 レモン汁とグラニュー糖 b を加えて味を整え、さらに2～3分煮る。

アパレイユ　　　　　　　　　　　　　　　　　　　　　　Appareil

Ingrédients

48g	全卵
25g	キャソナッドゥ
8g	上白糖
60g	サワークリーム
40g	生クリーム（乳脂肪分48％）
64g	シューペルポンム（フランス産）
32g	コンポットゥ・ドゥ・ポンム（自家製）
5g	レーズンを漬けたラム酒
0.8g	バニラエッセンス（10滴）
1.5g	レモン汁

1 全卵を軽くほぐす【直線反復】。このあと最後まであまり手早く泡立てないように混ぜていく。

2 キャソナッドゥと上白糖を加え、ホイッパーからサーッと均一に落ちるまで、*1* と同じ混ぜ方で50回ほどよく混ぜる（a）。
　泡立ててはいけません。上白糖は甘みに力を、キャソナッドゥはアパレイユに温かい膨らみを与えるために加えます。

3　サワークリームをホイッパーで混ぜて均一になめらかにし、生クリームを2回に分けて加えてのばす。

4　**3**を3回に分けて**2**に加えて（**b**）50回ずつ混ぜる。
卵にはその他の材料を一度に加えません。このアパレイユでは固まる力があるのは卵だけですから、卵をほかの材料で少しずつのばし、量を増やしながら網の目状にのばしていきます。これによってほかの素材が卵にしっかり包まれて焼きあがり、水っぽい舌触りも抑えられます。

5　シューペルポンム、コンポットゥ・ドゥ・ポンムを加えて混ぜる。
シューペルポンム（フランス産のりんごを煮てペースト状にしたもの）は日本のりんごに欠けているりんご本来のおいしさを、ワインで煮た自家製のコンポットゥ・ドゥ・ポンムはりんごの味わいに鋭さを与えるために加えます。

6　レーズンを漬けたラム酒、バニラエッセンス、レモン汁を加えて軽く混ぜる。かなりドロッとした状態（**c**）。
レーズンを漬けたラム酒は、強い素朴な温かみと厚みのある味わいを与えるために加えます。

りんごのソテー　　　　　　　　　　　　　　　Sauté de pommes

日本でのお菓子づくりの常識としては紅玉がよいといわれていますが、紅玉は酸っぱいだけで味わいが希薄なので私は使いません。木の根っこのようなゴリゴリの歯ざわりの富士や国光は薄ら甘いだけで味わいがないので使いません。今は本当にみかけることの少なくなったゴールデン系の黄色いりんごが、フランスのものと比べると味わいは劣りますが、一番よいでしょう。またはそれを掛け合わせた黄林なら何とか使うことができます。ゴールデンが手に入らない時はジョナゴールドなどを使うしかありません。

Ingrédients

大1個	りんご（ゴールデン系）
13g	バター
22g	キャソナッドゥ
0.4g	シナモンパウダー

1　りんごは皮をむき芯をとる。8つに切り、さらに3つに切る。

2　フライパンを中火にかけてバターを溶かし、キャソナッドゥを加えてキャラメリゼする。
強火ではあっという間に焦げます。ここでしっかりとキャラメリゼしないと、りんごを入れてからでは色がつきません。

3　煙が少しでて浅いキャラメル色になったら（**a**）、**1**のりんごを加えて炒める。何度かフライパンを返しながら、全体に黒い色の入らない明るいキャラメル色にする。シナモンパウダーを加え（**b**）、何度かりんごを返して全体にまぶす。
ここでは黒い色が入った強い苦味までは焦がさず、甘みも軽く残っているほどにします。りんごには火が半分ほど通った程度でかまいません。アパレイユにはさまざまな素材が加えられ、微妙な味わいのバランスを保っているので、キャラメルの苦味が強いとこれらの味わいの機微を隠してしまいます。

仕上げ　　　　　　　　　　　　　　　　　　　　　　　　　Finition

Ingrédients　約2台分

- 15g　キャソナッドゥ
- 0.1g　シナモンパウダー（約3つまみ）

1　空焼きしたパートゥ・ブリゼにりんごのソテーを1段並べる（**a**）。
　りんごを重ねると、上になったりんごの水分が表面に染みてカラッとした味わいが失われます。りんごのソテーは熱いまま使ってかまいません。

2　アパレイユを混ぜてから、型いっぱいに流し入れる。フライパンに残っているキャラメルをたらす（**b**）。

3　オーブンで焼く。［電子レンジオーブン：予熱210℃／190℃で26～27分→250℃に上げてさらに3分］［ガス高速オーブン：予熱200℃／180℃で26～27分→230℃に上げてさらに2分］

4　26～27分で表面の半分くらいに濃い焼き色がつき、かなり膨らむ（**c**）。ここでいったんオーブンからとりだし、すぐにキャソナッドゥとシナモンパウダーを混ぜたものを少し目の粗いふるいで均一にふりかける（**d**）。
　シナモンパウダーは口に入る前の香りに、厚みのある印象を与えます。

5　オーブンの温度を上げて **4** をもどし、キャソナッドゥが部分的にほんの少しだけ溶け、ほかはそのまま粒が残るくらいに焼く。網にのせて冷ます。

パートゥ・ブリゼをフードプロセッサーでつくる

フードプロセッサーは材料を深く混ぜ込みすぎるので、使い方には注意する必要があります。パートゥ・ブリゼはある程度粉にバターを深く混ぜ込んでもいいので、フードプロセッサーを使ってより簡単につくれますが、パートゥ・シュクレなどほかの生地にはけっして使わないでください。

Ingrédients

全卵を62gに増やす以外はすべて同じ

1　バターは3～5mm厚さに切り、冷凍庫に入れてかたく凍らせておく。
　粉に深く混ざりすぎないようにバターはかたくしておきます。

2　P122「パートゥ・ブリゼ」**1～2** と同様に準備する。

3　フードプロセッサーに粉とバターを入れてまわし、30秒おきにスイッチを切って触ってみて、バターが1～2mmほどの粒になるくらいまでまわす。
　フードプロセッサーの容器も冷蔵庫で冷やしておきます。バターが完全にみえなくなるまでまわすと、バターが深く粉に混ざりすぎて、バターのリッチなおいしさが失われて平坦な味わいになってしまいます。

4　冷やしておいたボウルに入れる。以下は「パートゥ・ブリゼ」**7** 以降と同様に。
　フードプロセッサーを使うと、手でバターと粉を混ぜるよりもバターが溶けずに粉により深く混ざります。粉の吸水力が低下しないので、生地がまとまるためにより多くの水分が必要になります。全卵の量を増やしているのはそのためです。

タルトゥ・テ・イグレク
Tarte T·Y

一番おいしい食べごろの温度は50℃くらいです。
150℃のオーブンでホウルは15分ほど、
カットしたものは7〜10分ほど温めます。
中央に竹串を10秒ほどさし、サッとぬいてすぐに唇にあて、
しっかり温かくなるまで温めます。常温で食べてもいいですが、
温かいほうがそれぞれの素材から昇る香りと味わいが
ざわめきの中に重なり合います。直径16cmが1台できます。

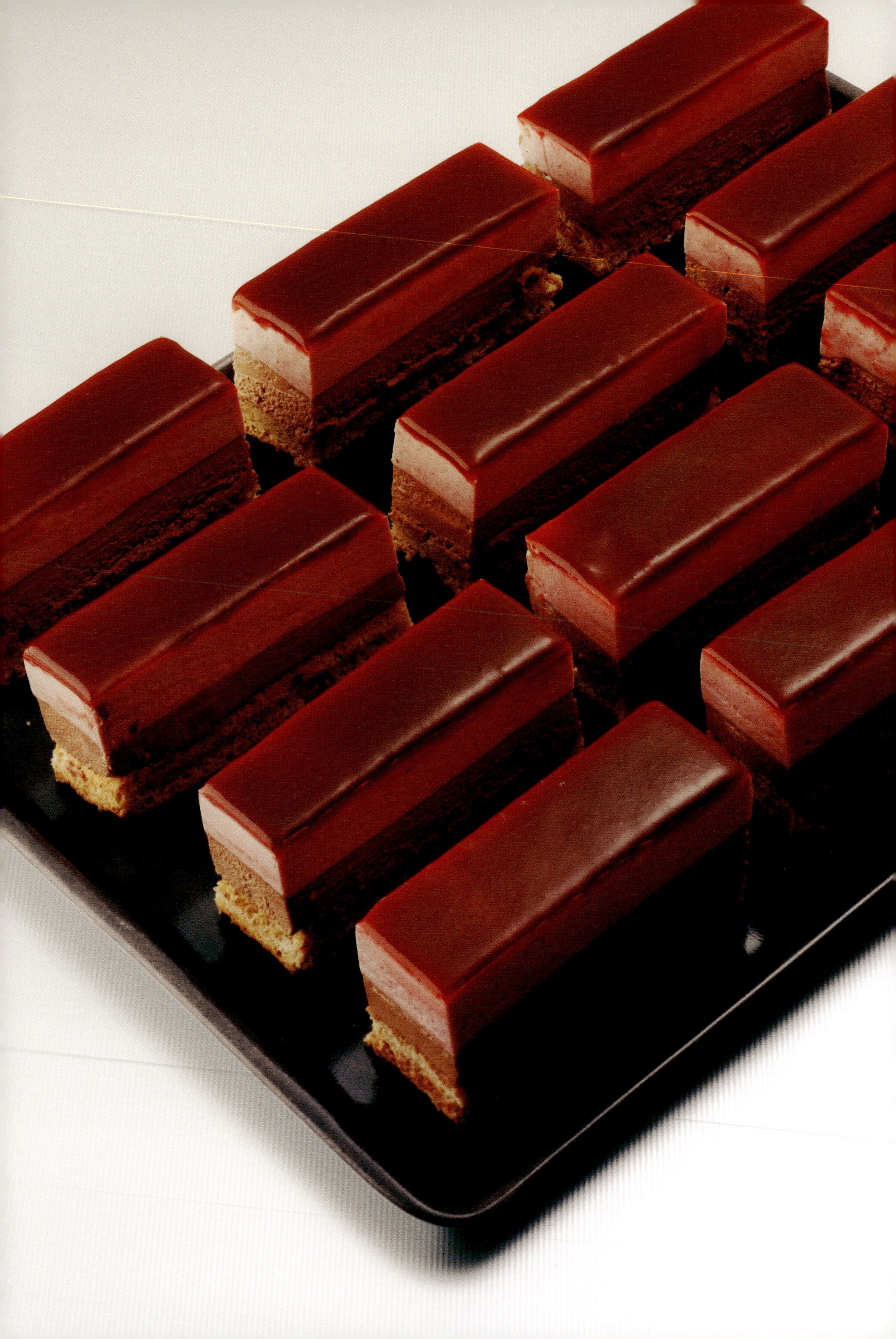

パートゥ・グラニテの軽くカリカリとした歯触りと、深く焼いてシナモンの香りに満ちたビスキュイ・ジョコンドゥが、ふっくらとしたあたたかさでミルクチョコレートとフランボワーズを包みます。
　このお菓子にも食べる人の心を動かす組み立てがあります。
　ムース・オ・フランボワーズとクレーム・シャンティイ・オ・ショコラ・オ・レは舌触りと口溶けの食感は同じ方向へ流れています。でも味わいは反対の方向に流れています。フランボワーズの酸味と厚みのある味わいは鋭さを持ち、クレーム・シャンティイ・オ・

やさしくあたたかい フランボワーズと ミルクチョコレートのムース

Mousse aux framboises et au chocolat au lait

ショコラ・オ・レはゆったりとした味の膨らみをみせます。味わいのコントラストが二つのクレームの冷たい厚みのある歯触り、舌触りに涼しいうれしい小さな驚きを与えます。
　この二つの力に対して、まったく異なる素朴さと懐かしさに満ちたパートゥ・グラニテのむせかえるような香り、カリカリッと意識を刺し、頭の中に響き渡る食感が続き、そして、口中に溢れる力を持つあたたかさが続きます。まさにコントラストの連続の中に、このお菓子の味わいはあるのです。口に入れてから飲み下すまでの短い間に、さまざまの要素が混沌として押し寄せてきます。

パートゥ・グラニテ   Pâte granitée

Ingrédients   18cm角のキャドル1台分

- 55g　薄力粉
- 55g　強力粉
- 83g　アーモンドパウダー
- 110g　キャソナッドゥ
- 110g　グラニュー糖
- 14g　シュークルバニエ
- 110g　バター

1 薄力粉、強力粉、アーモンドパウダーは合わせてふるう。バター以外の材料とともにボウルに入れ、冷蔵庫で冷やしておく。
   寒い時季は冷やす必要はありません。この生地はそれほど温度管理を気にしなくて大丈夫です。バターが少し溶けても焼きあがりに問題はありません。

2 バターを少しやわらかめのポマード状にし、1に入れる。両手ですくっては親指ですり合わせて混ぜていく（**a**）。だんだんと砂のようにサラサラになる（**b**）。さらに混ぜるとバターが少し染みたような感じになるので、2〜3cmほどのかたまりができるまで混ぜる（**c**）。
   サラサラになったところでやめると砂を嚙んだような食感になるだけです。かたまりが少しできはじめるまで混ぜて、少し強めのカリッとした歯触りがでるようにします。

3 冷蔵庫で冷やす。
   密閉容器で1週間ほど保存可能。

ビスキュイ・ジョコンドゥ   Biscuit Joconde

基本的なビスキュイ・ジョコンドゥを変化させました。このビスキュイは、シナモンの香り、焦がしたアーモンドの深い香りと味わい、そして表面にふりかけたパートゥ・グラニテが、より多様性に富んだ味わいを与え、ビスキュイそのものがそのまま印象的なデコレーションになるようにしたものです。最近の私のお菓子づくりの考え方において大きな部分を表わしたビスキュイです。そのまま食べても本当においしい。心にしっくりくるおいしさです。

Ingrédients   18cm角の深天板1枚分

- 38g　アーモンドパウダー
- 34g　粉糖
- 5g　薄力粉
- 5g　強力粉
- 0.2g　シナモンパウダー a
- 55g　全卵
- 17g　ヘーゼルナッツローストペースト

ムラング・オルディネール
- 30g　卵白
- 5g　グラニュー糖 a
- 4g　グラニュー糖 b

- 10g　溶かしバター
- 50g　パートゥ・グラニテ
- 0.3g　シナモンパウダー b

1 天板に紙を敷く。

2 アーモンドパウダーと粉糖は合わせてふるう。

3 薄力粉と強力粉、シナモンパウダー a も合わせてふるう。

4 *2*と全卵を深小ボウルに入れ、ハンドミキサー（ビーター1本）の速度3番で1分15秒泡立てる（**a**）。

5 ヘーゼルナッツローストペーストを加えて10秒混ぜる。

6 ムラング・オルディネールをつくる。手つき中ボウルに入れて冷やしておいた卵白とグラニュー糖 a を、ハンドミキサー（ビーター1本）の速度2番で1分→3番で1分30秒泡立てる。グラニュー糖 b を加え、さらに30秒泡立てる（**b**）。

7 *6* に *5* を一度に加え、エキュモワールでゆっくりめに混ぜる（**c**）。

20回混ぜてもムラングがかなり大粒で残っている時は、ホイッパーを使って【拡散】でゆっくりムラングのかたまりをほぐします。ヘーゼルナッツローストペーストが入るのでアパレイユはやわらかめになります。ムラングがかためだと混ざりにくく、どうしてもムラングが残ることがあるので、ムラングの泡立てには注意します。またかならず水様化した卵白で混ざりのいい強いムラングをつくり、ゆっくりめに混ぜてください。脂肪分の高いヘーゼルナッツローストペーストが入るので、手早く混ぜると確実にムラングの泡は消えてしまいます。

8 だいたい混ざったら、*3*の半量を加え（**d**）、ゆっくりめに混ぜる。70～80％混ざったら、残りの粉を加えて混ぜ、80％混ざったらボウルの内側をゴムべらで払う。

9 溶かしバター（約40℃）を2回に分けて加えて混ぜる。加えるたびに80％混ざったら、ボウルの内側を払い、さらに20回混ぜる（**e**）。

10 *1* に入れ、なるべく手数を少なく平らにならす（**f**）。

11 パートゥ・グラニテにシナモンパウダー b を加えて（**g**）混ぜ、手で5～6mmにほぐす（**h**）。

量が多い場合は目の粗いふるいを通して粒の大きさをそろえます。

12 *11* をたっぷりとふり、焼きあがってからとれないように軽くパレットナイフで押さえる（**i**）。

13 オーブンで表面と底に薄いキツネ色がつくまで焼く（**j**）。[電子レンジオーブン：予熱200℃／180℃で17～18分][ガス高速オーブン：予熱190℃／170℃で17～18分]

十分に濃いめのこんがりとした焼き色をつけると、カリカリとした楽しい歯触りとともに香ばしさが増し、全体の味わいも深くなります。ムラングが消えてかために焼きあがっても、パートゥ・グラニテのカリカリした歯触りがあるので全体の味わいはそれほど壊れません。

14 網にのせて冷ます。

Mousse aux framboises et au chocolat au lait

クレーム・シャンティイ・オ・ショコラ・オ・レ

Crème chantilly au chocolat au lait

温めたチョコレートを生クリームに加える通常のクレーム・シャンティイ・オ・ショコラは、日本の生クリームでつくると、なめらかな舌触りやシャープな口溶けがかなり失われます。お菓子の中でクレーム・シャンティイ・オ・ショコラの割合が小さい場合は全体の味わいに影響しませんが、このお菓子はクリームの部分が多いので、より印象的な食感にと考えました。ババロアのもったりした口溶けはこのお菓子のイメージに合わないのでほしくありません。チョコレートに対する牛乳の水分を、ちょうどそれぞれがお互いを包み合う境界線の量にしました。混ぜる時にはそれなりの水分の量があり、いくらかやわらかい状態ですが、時間がたつにつれてチョコレートのカカオバターがつながりはじめ、ゆっくりと固まるようにしました。その結果、しっかりした印象的な歯触りのあとに、やわらかさがありながらも存在感のある歯触り、そしてシャープな口溶けが続くものになりました。ミルクパウダーは味わいを豊かにするために、ヘーゼルナッツローストペーストはミルクチョコレートの味わいに膨らみを与えるために加えます。

Ingrédients

- 144g 生クリーム（乳脂肪分42%）
- 1g 安定剤
- 7.2g グラニュー糖 a

ガナッシュ
- 5.5g ミルクパウダー（乳脂肪分26%）
- 5.4g ココア
- 18g グラニュー糖 b
- 82g 牛乳
- 144g ミルクチョコレート（ラクテエクストラ・カカオ分約37%）
- 14g ヘーゼルナッツローストペースト
- 0.5g バニラエッセンス（7滴）

1. 生クリームを泡立てる15分前に、安定剤とグラニュー糖 a を入れて完全に溶かす。少しやわらかめの8分立てに泡立てて（**a**）、冷蔵庫で冷やしておく。

2. ガナッシュをつくる。ボウルにミルクパウダー、ココア、グラニュー糖 b を入れて混ぜ、牛乳を加え、手つき鍋（小）に移す。火にかけて80℃に加熱する（**b**）。沸騰させなくてもチョコレートが完全に溶ければいい。

3. 直径18cmのボウルに刻んだチョコレートとヘーゼルナッツローストペーストを入れ、**2**を加えて（**c**）ホイッパーで【円】でよく混ぜて溶かす。バニラエッセンスを加えて混ぜる。

4. 氷水にあててホイッパーでよく混ぜながら、18℃まで冷やす（**d**）。途中で時々氷水からはずし、ボウルの内側についたガナッシュをゴムべらできれいに払う。
かなり濃いドロッとした状態になります。

5. **1**に**4**を2回に分けて加えて混ぜる（**e**）。1回めを入れ、クレームのツヤが消えはじめるまで混ぜる【直線反復】。

6. 2回めを加え、手に重さが感じられ、クレームが乾いたツヤとなり、ボウルをゆするとクレーム全体が少しだけ動くくらいまで泡立てる（**f**）。
材料をすべて加えてから少しかために泡立て、チョコレートのカカオバターと乳脂肪をある程度つなげておかないと、かたまりが弱くなり、ちょっと間の抜けた歯触りになります。しかしあまりかたくしてしまっても、舌に小さな粒を感じ、少し口溶けの悪い、チョコレートの味がのらない味わいになります。

7. すぐに冷やしておいた絞り袋に入れて絞る。
十分に混ぜたガナッシュと生クリームはすぐにかたくなりはじめます。

ムース・オ・フランボワーズ

Mousse aux framboises

このムースの工程はもっとも単純なものです。おいしさは使う素材の質と、生クリームやその他の素材の温度管理にかかっています。フランボワーズのリキュールは味わいのため、オ・ドゥ・ヴィは香りを強めて全体に膨らみを与えるために加えます。バニラエッセンスはフランボワーズの味わいに厚み、力を与えます。

Ingrédients

- 140 g 生クリーム（乳脂肪分42%）
- 1 g 安定剤
- 7.2 g グラニュー糖 a
- 6.4 g 粉ゼラチン
- 32 g 水
- 104 g フランボワーズピューレ
- 38 g グラニュー糖 b
- 23 g フランボワーズリキュール
- 33 g フランボワーズ・オ・ドゥ・ヴィ
- 13 g レモン汁
- 0.6 g バニラエッセンス（8滴）

1. 生クリームを泡立てる15分前に、安定剤とグラニュー糖 a を入れて完全に溶かす。8分立てに泡立てて、冷蔵庫で冷やしておく。

2. 粉ゼラチンは水でふやかしておく。

3. フランボワーズピューレに *1* と *2* 以外の材料すべてを加えてホイッパーで混ぜる。

4. *2* のゼラチンを湯煎にかけて溶かして40℃にする。

5. *4* に *3* の⅓量を3回に分けて加え（**a**）、ホイッパーでよく混ぜる【円】。残りを少しずつ加える。
    一度に加えてしまうと、そのあとどれだけ混ぜても、ゼラチン液はすみずみまで拡散しません。オーバーにいえば、ゼラチンの大きめの粒が、それぞれつながらずバラバラに散在するために、固まる力が弱くなります。ゼラチン液に *3* の⅓量を3回に分けてよく混ぜながらのばしていけば、網の目状にゼラチン同士がつながりながら広がっていき、固まり具合もしっかりします。

6. 弱火にあて、ホイッパーでボウルの底を軽くこすりながら加熱して40℃に上げる。
    アパレイユをゼラチンの凝固点の36℃より上に加熱することによって、完全にゼラチンをアパレイユに細かく拡散させて、固まる力をしっかりさせます。

7. *3* が入っていたボウルに移しかえる。氷水にあてて、空気が入らないようにホイッパーで手早く小刻みに不規則に動かしながら底全体を軽くこするようにして混ぜ、一気に15℃に下げる（**b**）。
    ボウルの熱で生クリームが傷まないように移しかえます。通常、ムースの場合は、アパレイユは10℃ほどまで冷やして生クリームを混ぜます。ここではゼラチンを多く加えてかたさをだしているため、10℃まで冷やすと、ゼラチンとアパレイユが強く固まりはじめ、薄くのびて生クリームを包んでくれないので、15℃で生クリームと混ぜます。

8. *1* の生クリームを3回に分けて加える。1回めは少し加えて【小刻みすくいあげ】で混ぜ（**c**）、2～3回めは【円】と【すくいあげ】で手早く混ぜる。

9. 下から上がってくるムースの色が上と同じになったら、生クリームの入っていたボウルに移す（**d**）。ホイッパーを立てて手早く10回混ぜる（**e**）。
    ボウルを移すことで、まだ混ざっていない下部分を表面に返します。

Mousse aux framboises et au chocolat au lait

ジュレ・ドゥ・フランボワーズ　　　　　　　　　　　　　　　Gelée de framboises

Ingrédients

- 54 g　グラニュー糖
- 2.4 g　ジャムベース
- 160 g　フランボワーズピューレ
- 70 g　水飴
- 10 g　フランボワーズ・オ・ドゥ・ヴィ
- 1.2 g　フランボワーズエッセンス
- 10 g　レモン汁

1　グラニュー糖とジャムベースを混ぜる。

2　ホイッパーで軽く混ぜながら、1 をフランボワーズピューレに加える。

3　2 と水飴の約半量を手つき鍋 (小) に入れて弱火にかける。スプーンでよく混ぜながら加熱し、アクがでたらとり、中央まで完全に沸騰してからさらに 1 分、ごく軽くフツフツと煮てから (a) 火をとめる。

4　残りの水飴を加えて (b) よく混ぜて溶かす。裏漉しする。フランボワーズやカシスなどは、できてからしばらくするとジュレから水分がでて分離しやすいので、軽く 1 分沸騰させてとろみを強めにつけます。少し煮詰めると離水しにくいなめらかなジュレができます。また、水飴ははじめから全量加えるとキャラメルが生成されてジュレの色ににごるので、半量は火をとめてから加えます。

5　すぐに氷水にあてて軽く混ぜながら 50～60℃まで冷ます (c)。

6　一度氷水からはずして、フランボワーズ・オ・ドゥ・ヴィ、フランボワーズエッセンス、レモン汁を加えて混ぜる (d)。再度氷水にあてて十分に冷まし、トロッとしてから使う。このジュレは冷えてもトロッとしているので、そのままぬれます。密閉容器に入れて冷蔵庫で保存可能。

仕上げ　　　　　　　　　　　　　　　　　　　　　　　　Finition

1　ビスキュイ・ジョコンドゥを 18 cm 角のキャドルに合わせて切る。キャドルにキャルトンを敷き、パートゥ・グラニテのついた面を下にして入れる。冷蔵庫で冷やしておく。

2　クレーム・シャンティイ・オ・ショコラ・オ・レを口径 10 mm の丸口金をつけた絞り袋に入れて絞り (a)、平らにならす。冷蔵庫で冷やし固める。

3　ムース・オ・フランボワーズを流し入れ (b)、パレットナイフでキャドルの縁ですり切る (c)。冷凍庫で冷やし固める。
冷凍する場合はここで冷凍庫に入れます。

4　ジュレ・ドゥ・フランボワーズを流し、パレットナイフでのばす (d)。

5　キャドルをガスバーナーで軽く温めてはずす。

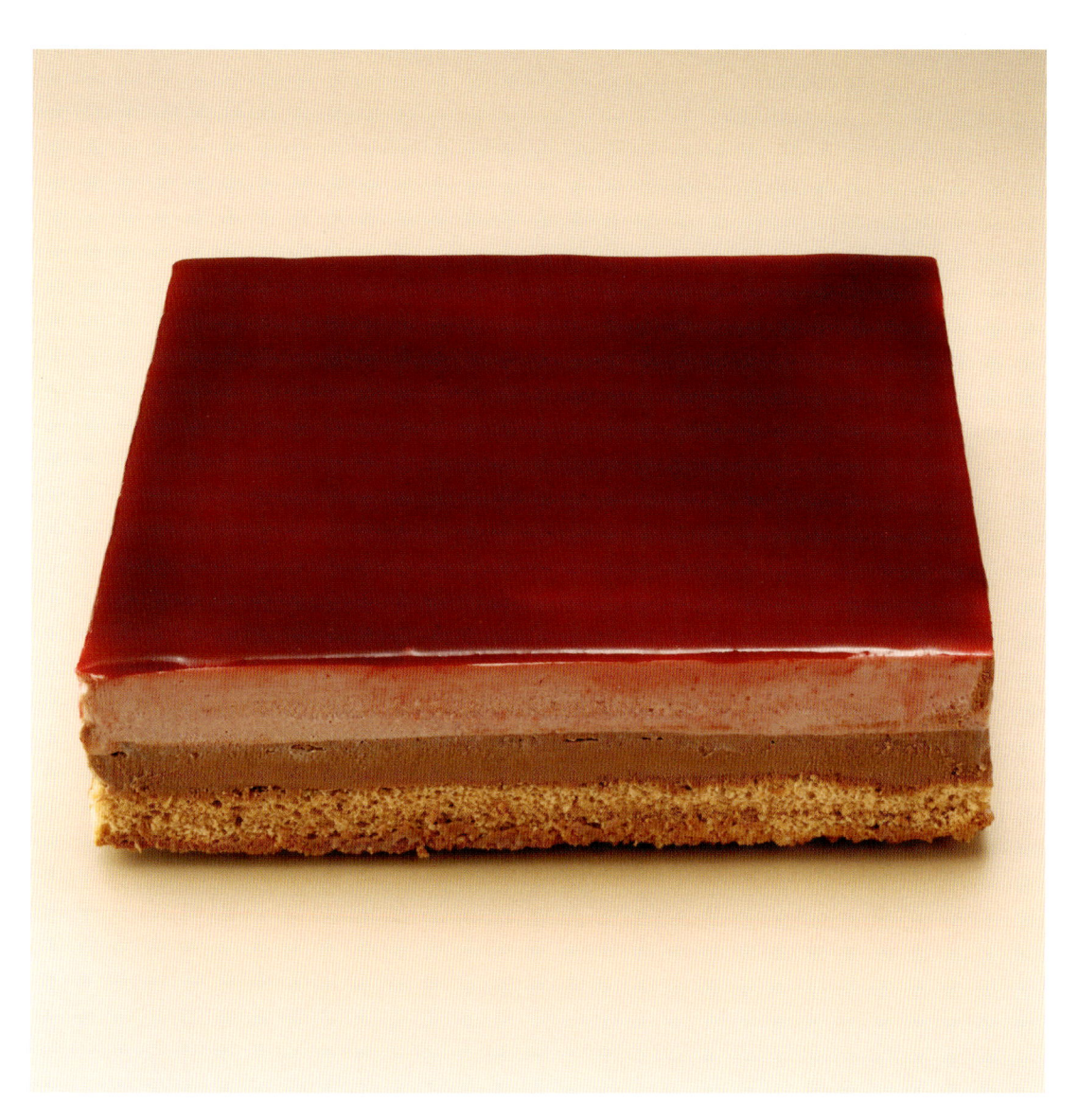

やさしくあたたかいフランボワーズと
ミルクチョコレートのムース
Mousse aux framboises et au chocolat au lait

食べごろの温度は10℃。
このお菓子の全体的な印象はたゆたう優しさ。
冷たすぎては味わいはツンと唐突になります。
18cm角が1台できます。3cm×9cmにカットして12個分。

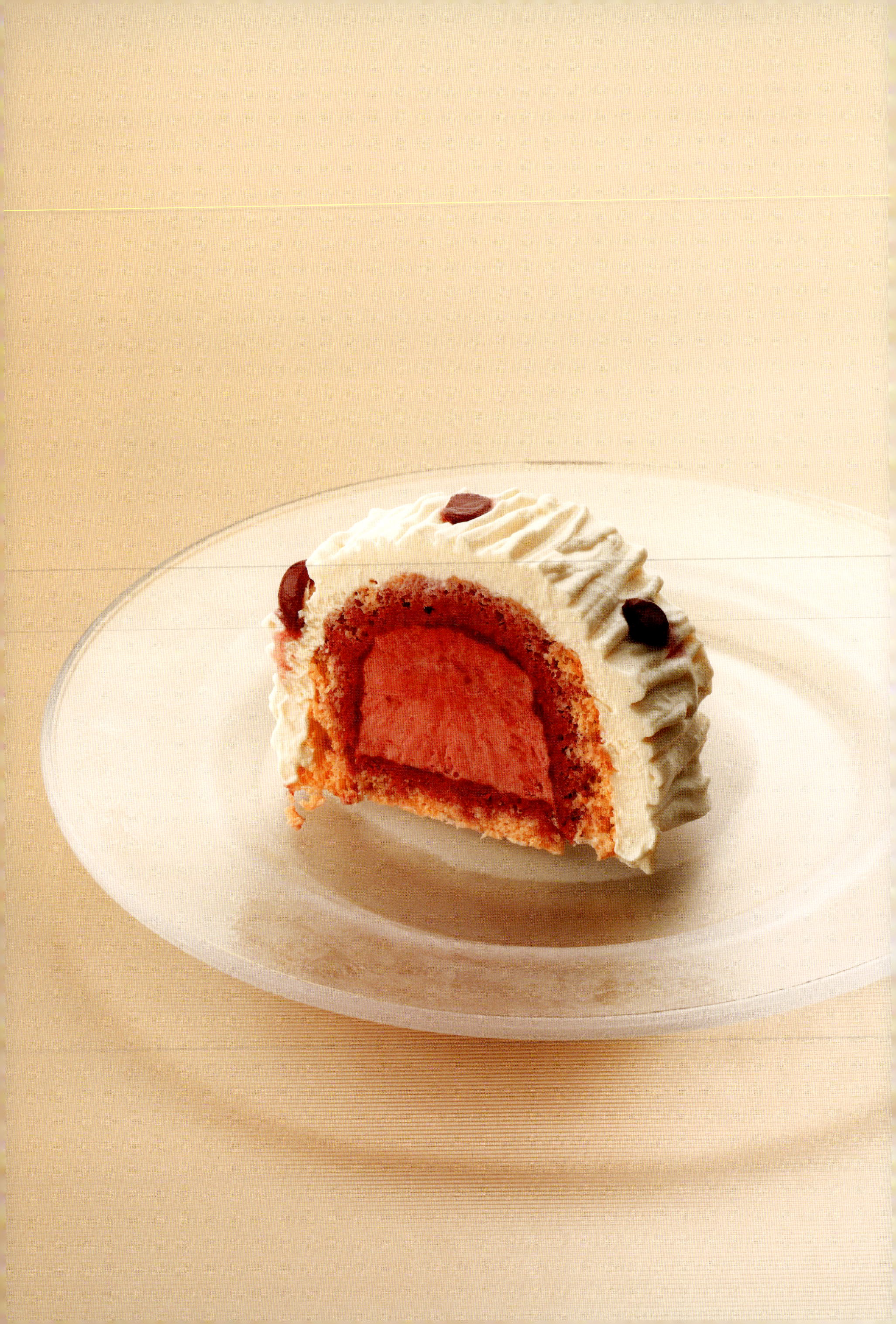

過ぎし日の淡き思いの
グリヨットゥの氷菓
Sorbet aux griottes

　私の心の片隅には、頬を刺すほどに鮮烈な、早春の風に似た、春の光が流れ来るところにまで届くほどのいちずな視線が、普段はほとんど目に触れることもなくあるのです。

　目に見えるすべてのものがその形に少しの意味もなくなるほどに、涼しさと悲しみの入り混じった視線があるのです。

　私の意識が今あることに不安にうち震えていた時にさえ、その視線は心の動きを少しもみせなかったのです。

　いつも涼しく、そして悲しい私に染まった視線が、私の心の片隅にあるのです。

　このお菓子、グリヨットゥの氷菓も過去の淡き思いを私に呼び起こさせるのです。

ビスキュイ・ドゥ・サヴォワ　　　　　Biscuit de Savoie

このビスキュイはビスキュイ・ア・ラ・キュイエールにアーモンドパウダーが入ったものと考えてください。多めの粉が加えられますので、最終的には生地はかためになります。混ぜる時にムラングがそのかたさにこすれて泡がつぶれやすいので、とくに強いムラングが必要になります。また同時に軽い歯切れにするために、ムラングの気泡量も多くする必要があります。1回めのグラニュー糖は通常の卵白の15％量にして、十分にムラングの量を多くします。それから少し多めの2回めのグラニュー糖を加え、その粘りで泡を締めて強くします。もし2回めのグラニュー糖をはじめから加えれば、卵白の粘りが強くなりすぎて、グラニュー糖を2回に分けて加える場合の気泡量の60~70%しか得られません。ゆっくり混ぜ合わせることが大事です。かための生地を手早く混ぜれば、とくに泡はつぶれやすくなります。粉がたまってもあせらずに、ゆっくり同じ調子で最後まで混ぜます。

Ingrédients　　18cm角の浅天板2枚分

- 30g　アーモンドパウダー
- 40g　強力粉
- 40g　卵黄
- 40g　グラニュー糖 a

ムラング・オルディネール
- 60g　卵白
- 7.5g　グラニュー糖 b
- 15g　グラニュー糖 c

適量　粉糖

---

1 天板に紙を敷く。

2 アーモンドパウダーと強力粉は合わせてふるう。ふるいに残った粒の大きいアーモンドパウダーは、ふるった粉の上にちらす。

3 卵黄を手つき中ボウルに入れ、ハンドミキサー（ビーター1本）の速度2番でほぐし、すぐにグラニュー糖 a を全部入れて3番で1分30秒泡立てる（**a**）。
これは加熱しません。加熱すると分子運動が活発になって卵白と砂糖が混ざりすぎ、それぞれの味わいを消し合って平坦な味わいになってしまいます。ここで砂糖の粒が残っていても、焼きあがった生地の味わいには影響もありません。

4 ムラング・オルディネールをつくる。深大ボウルに入れて冷やしておいた卵白とグラニュー糖 b を、ハンドミキサー（ビーター2本）の速度2番で1分→3番で2分泡立てる。グラニュー糖 c を加え、さらに30秒泡立てる（**b**）。

5 *4* に *3* を加えて、エキュモワールで10秒に10回の速さでゆっくり混ぜる（**c**）。

6 80%混ざったら、*2* を5~6回に分けて加えていく（**d**）。全部入れて80%混ざったら、ボウルの内側をゴムべらで払い、さらに25回混ぜる（**e**）。
この生地は最後までムラングのかたさが残っていなければなりません。

7 口径10mmの丸口金をつけた絞り袋に入れ、*1* に横に絞る（**f**）。
すぐに天板に絞れば、オーブンに入れるまでに15~20分時間があいても大丈夫です。しかし時間がたってから絞りだすと泡はつぶれてしまいます。

8 グラシエール（粉糖入れ）で粉糖をふり(**g**)、5分おいてからもう一度ふる。

9 オーブンで両面ともに明るいキツネ色になるまで焼く。［電子レンジオーブン：予熱200℃／190℃で13~15分］［ガス高速オーブン：予熱190℃／180℃で13~15分］

10 網にのせて水分を飛ばしながら冷ます(**h**)。
とくにこの生地は水分が生地の中から十分にぬけないと、サックリした歯切れと、卵黄やアーモンドのボックリした味わいがでてきません。

ポンシュ   Punch

グリヨットゥはギニョレットゥと同様の小さめの朱色で酸味のあるサクランボです。リキュールのギニョレットゥ・キルシュはギニョレットゥ種のサクランボをキルシュ酒に漬けた食前酒です。

Ingrédients

150 g	グリヨットゥ（冷凍）
7.5 g	リキュール（ギニョレットゥ・キルシュ）
4 g	レモン汁
13.5 g	キルシュ酒
34 g	30°ボーメシロップ

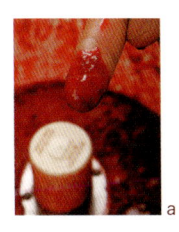

1 冷凍グリヨットゥはP140のアパレイユ用とともに解凍しておき、皮が1mmほどに細かくなるまでフードプロセッサーにかける(**a**)。
皮も小さく挽けば、少しも気にならず、かえって歯触りが楽しくなります。裏漉しはしません。

2 **1**とすべての材料をホイッパーで混ぜ合わせる(**b**)。

Sorbet aux griottes

アパレイユ　　　　　　　　　　　　　　　　　　　　　　　　　Appareil

ゼラチンを加えるのは、サラサラしたリキッド状のアパレイユなので、凍るまでに生クリームがアパレイユから分離して上に浮きあがらないようにするためです。

Ingrédients

2.3g	粉ゼラチン
11.5g	水
87g	グリヨットゥ（冷凍）
68g	リキュール（ギニョレットゥ・キルシュ）
25g	グラニュー糖
0.8本	バニラ棒
5枚	レモンの皮（縦にむく）
2個	クローヴ
96g	生クリーム（乳脂肪分42%）
4g	コンパウンド・オレンジ
0.5g	バニラエッセンス（6滴）
7.5g	キルシュ酒
12.5g	レモン汁

1 粉ゼラチンは水でふやかしておく。

2 冷凍グリヨットゥはポンシュ用とともに前もって解凍しておき、フードプロセッサーで挽いておく（→P139）。

3 手つき鍋（小）にリキュール、グラニュー糖、バニラ棒、レモンの皮、クローヴをさしたレモンの皮を入れ（**a**）、弱火にかけて中央まで軽く沸騰させる（**b**）。
クローヴは小さくてみつけにくいので、あとですぐにとりだせるようにレモンの皮1枚にさして入れます。

4 火をとめ、*1* のゼラチンを加えてよく混ぜる。そのまま30分おき、香りを移す。

5 生クリームは8分立てに泡立てて、冷蔵庫に入れておく。

6 30分たったら、バニラ棒とレモンの皮をとりだし、コンパウンド・オレンジ（**c**）、バニラエッセンス、キルシュ酒、レモン汁を加えて混ぜる。

7 直径15cmのボウルに移し、氷水にあててホイッパーでよく混ぜながら10℃まで冷やす（**d**）。

8 *5* を3回に分けて加え、加えるたびに【円】と【すくいあげ】で手早く混ぜる（**e**）。

9 3回めの生クリームを加えて混ぜ、下から上ってくるアパレイユの色が上とほぼ同じになったら、氷水にあててゴムべらで底をすくうようにして混ぜながら5℃まで冷やす（**f**）。
サラサラした液体に近いアパレイユなので、はじめは生クリームが上に浮いてきます。冷えてくるととろみがつき、次第に生クリームはアパレイユの中に吸収され、表面の泡が消えてツヤがでてきます。

クレーム・シャンティイ・オ・ショコラ・ブラン　　Crème chantilly au chocolat blanc

Ingrédients

ムラング・イタリエンヌ
- 30g 卵白
- 5g グラニュー糖 a
- 3g 乾燥卵白
- 45g グラニュー糖 b
- 15g 水

- 195g 生クリーム（乳脂肪分42％）
- 5g グラニュー糖 c
- 0.9g 安定剤
- 65g ホワイトチョコレート（イヴォワール・カカオ分約31％）
- 13g キルシュ酒
- 8g シュークルバニエ

1　ムラング・イタリエンヌをつくる(→P156)。バットにのばして0℃近くまで冷やしておく。

2　生クリームを泡立てる15分前に、グラニュー糖cと安定剤を入れて完全に溶かす。8分立てに泡立てて、10℃に調整しておく。

　ホワイトチョコレートの量が多いクレーム・シャンティイ・オ・ショコラ・ブランでは、チョコレートに含まれるカカオバターが生クリームをしっかり包んで固まり、生クリームからの離水を防いでくれます。しかしここでは軽い舌触りにするために生クリームに加えるチョコレートの量が、生クリームの量に対して1/3量と少ないので、当然カカオバターの量も少なくなり、カカオバターが生クリームをしっかりと包めず離水しやすくなります。絞り袋で絞る時に離水してボソボソになったり、冷凍保存の間に生クリームの氷の結晶が大きくなって、クリームの味わいが劣化するのを防ぐために安定剤を加えます。

3　刻んだホワイトチョコレートを50℃ほどの湯煎で溶かす。弱火にかけて、温度計で混ぜながら正確に70℃に調整する。

4　チョコレートを加える直前に **2** にキルシュ酒（**a**）とシュークルバニエを加え混ぜる。

　キルシュ酒を加えて時間をおくと、生クリームが分離します。

5　**4** に **3** を一度に加え、すぐに手早くホイッパーで15回ほど混ぜる【円】。次に【すくいあげ】で手早く10回ほど混ぜる。次にボウルの上の生クリームをこすりとりながらゆっくり【円】で全体を混ぜる（**b**）。なめらかになったら混ぜるのをやめる。

　これ以上、あるいは最後に手早く混ぜると生クリームからの離水が進み、口溶けが悪くなります。

6　**1** を一度に加え、木べらでゆっくりめに【90度】でムラングがみえなくなるまで混ぜる（**c**）（**d**）。

仕上げ Finition

長さ24.5cm×幅8cm×高さ5.5cmのトヨ型を使います。

Ingrédients

適量　グリヨットゥ（冷凍）

1 ビスキュイ・ドゥ・サヴォワの紙をはがし、はめ込み用の生地はつなぎ合わせて24.5cm×13.5cmに、底用は4.5cm×24.5cmに切る（**a**）。

2 1を裏返して紙の上にのせ、ポンシュをハケですくって生地の厚さの2/3まで染み込むようにたっぷりと打つ（**b**）。なかなかポンシュが生地の中に染み込まないので、少し時間をおいて吸収させる。
ハケですくって生地の上に移すようにして打ちます。生地の上に皮がかなりのっていてもかまいませんので、意識して皮もすくって皮だけが残らないようにします。

3 はめ込み用の生地をトヨ型に紙ごとはめる（**c**）。

4 冷凍庫で完全に凍らせる。
前もってここまで用意して、十分に生地を凍らせておくことが大事です。中途半端な冷え加減ではグリヨットゥのアパレイユが凍るまでに時間が長くかかり、均一な食感、味わいがでなくなります。

5 生地が完全に凍ったら、アパレイユを1/3の高さまで流し入れる（**d**）。冷凍庫に10〜15分入れてほぼ固める。
残りのアパレイユは冷蔵庫で冷やしておきます。

6 次も同様にアパレイユを1/3の高さまで入れ、冷凍庫で固める。
アパレイユを3回に分けて入れるのは、できあがりのアパレイユの上と底の食感と味わいをあまり違わないようにするためです。

7 3回めのアパレイユを入れ（**e**）、底用の生地をポンシュを打った面を下にしてのせる（**f**）。冷凍庫で十分に固める。

8 型からはずし（**g**）、キャルトンにのせる。クレーム・シャンティイ・オ・ショコラ・ブランを平口金をつけた絞り袋に入れてかなり厚めに絞る（**h**）。
絞り袋は前もって冷蔵庫で冷やしておいたものを使い、軍手をはめて絞り袋を持ち、できるだけ手の熱で生クリームが傷まないようにしてください。

9 すぐにフォークで模様をつける（**i**）。
フォークを時々お湯につけながらします。

10 凍結したまま1/4に切っておいたグリヨットゥを埋める（**j**）。冷凍庫に入れる。

過ぎし日の淡き思いの
グリヨットゥの氷菓
Sorbet aux griottes

かたく冷たすぎては少しもおいしくありません。
切り分けて冷蔵庫に30分、ムースに艶がでて、
指で触るとやわらかさを感じるくらいまでもどします。
あの頃の様々の酸っぱくて切ない確かな思い出が溢れてきます。
長さ24.5cm×幅8cm×高さ5.5cmのトヨ型で1台できます。
3cm幅にカットして8個分。

お菓子をつくる前に
La technique

イル・プルーのルセットゥには独自の考え方やオリジナルの手法が随所にあります。
ぜひこれらを理解してから、お菓子をつくりはじめてください。

温度管理と計量

- 材料や生地、できあがったお菓子の状態をよりよく保つために、冷蔵庫は5〜0℃に、冷凍庫はできるだけ-30℃にします。家庭用のものは一般に-20℃ほどですが、なるべく低温に。
- 室温は20℃以下にし、作業が多少手間どっても材料が温まることがないようにします。とくに生クリームを扱う時には十分に注意します。
- 分量、温度、時間はルセットゥどおりに正確に計ります。失敗のないお菓子づくりの第一歩です。

材料

- 材料名はイル・プルーでとり扱っている商品名で表記していますが、代用の参考になるよう、必要に応じて成分表示などを記しています。
- 手粉（強力粉を使用）、型にぬるバターなどは分量外です。
- 粉類（小麦粉、アーモンドパウダー、粉糖など）は手でよく混ぜ合わせてからふるっておきます。
- 粉ゼラチンは使用する30分前に20℃以下の水でふやかしておきます。溶かす時に高温の湯煎にあてたり、長くあてておくと、一度溶けたゼラチンが干からびてしまうので、40〜50℃の低めのお湯で溶かし、溶けたらすぐに使います。
- ムラングに使う卵白は、水様化（→P154）させたものを5〜10℃に冷やしてから使用します。卵黄はできるだけ新鮮なものを使います。
- バターは一度もやわらかくなっていないものを使います。
- バニラ棒は十分によい香りが得られるように、プティクトーで縦に裂いて中からビーンズをこそげだして使います（例外的な使い方もあります）。バニラエッセンスは材料欄の（ ）内にスポイトを使用した場合の数字も記しています。

技術

- 氷をたっぷり用意しておきます。生クリームの泡立て、ムースなどをつくる時には、ボウルを氷水にあてて作業します。氷が少ないとおいしいお菓子に仕上がりません。
- オーブンは使用する20分前に予熱をはじめ、扉のガラスに触れないほど十分に熱します。家庭用のオーブンは下からの熱量が弱いので、生地の種類によっては天板も予熱します。
- 本書では電子レンジオーブンとガス高速オーブンの2通りの焼成時間を記しています。機種にもよりますが、テーブルが回転しないオーブンの場合は、焼成時間の半分ほどがたったら天板の手前と奥を入れかえます。上下2段で焼く場合は、上下段も入れかえます。
- 本書で示した温度は、読者の方のオーブンの温度とは一致しないと考えてください。あらかじめこのように考えたほうが誤差の調整はしやすくなります。かならず焼き具合をみて判断し、この本の焼き色と時間が合うように設定温度を調整してください（→P149「オーブン」も参照）。
- 生地は水分がしっかりぬけるようによく焼いてください。
- 生地やできあがったお菓子は原則として波刃包丁で切ります。一度切るごとにぬれふきんで包丁をふきます。

a 生クリームを使ったお菓子や、凍っていないババロア、ムースなどは、波刃包丁をお湯につけ、包丁の先を軽くトンとテーブルにつけて少しお湯を落としてから切ります。

b チョコレートを使ったお菓子は、出刃包丁を弱いガスの火であぶり、やっと触れるほどに熱して切ります。

c 凍ったお菓子は出刃包丁で押し切ります。

食べごろの温度

- たとえ同じお菓子でも、食べごろの温度か否かで舌触りや味わいに大きな差がでます。できあがったお菓子をおいしく食べるためには、食べごろの温度を守るのが一番です。

素材

素材選びはとても大切です。
よい素材をよい状態で使うことがおいしいお菓子づくりの第一歩です。

Les ingrédients

卵 œuf

　小ぶり（60g弱）で殻のしっかりした、新鮮なものを選びます。小ぶりなものは若鶏が、大ぶりなものは年老いた鶏が産んだもので、大ぶりな卵は卵白が水っぽく弱い傾向にあります。

　卵黄は、古くなると凝固力が弱くなり、ババロアなどの口溶けが間のぬけたものになるので、かならず新鮮なものを使います。

　ムラングを泡立てる時は卵白はかならず水様化させてから使います（→P154）。卵白は密閉容器に入れて冷蔵庫で保存すれば、1ヵ月くらいもちます。

バター beurre

　本書では発酵バターを使っています。製造過程で乳酸菌を添加し発酵させたもので、深い香りと味わいがあります。

　バターは品質と温度管理がすべてです。よい状態のバターを切ってみると、断面の色や質が均一でなめらかです。一方、一度やわらかくなったものは組織変化が起こり、均一に分散していた融点の違う脂肪球*の並びがくずれ、吸水性や伸展性が悪くなります。一度不均一になった脂肪球はもとにもどりません。切った断面は白蝋化を起こして油が染みたようになります。このようなバターでつくった生地は、焼成時にバターがもれだしてガリガリの歯触りになってしまいます。また、バターのムースではバターの層が途中で切れ、分離しやすくなります。

　バターにほかの素材を加える時には、決まった順番があります。卵黄にはバターに液体を混ざりやすくする乳化力があるので、最初に卵黄を加えます。次に粘りの強いものから加えます。バニラなどの香料ははじめに加えると深く混ざりすぎて香りと印象が弱くなるので、あとで加えます。

　保存は5℃以下の冷蔵庫か冷凍庫（あらかじめ使いやすい大きさに切っておく）でしっかり管理してください。冷凍庫に入れたバターは使う前日に冷蔵庫へ移しておきます。

　＊**脂肪球**：牛乳に含まれる乳脂肪を遠心分離によって濃縮すると生クリームになる。それをさらに激しく撹拌し、水分をとり除いて固めるとバターになる。これらの乳脂肪はひとつの塊のようにみえるが、実際にはさまざまな水溶分が溶け込んでいる。本来なら水と油で分離するが、そうならないのは乳脂肪が脂肪球膜という特殊な膜にまわりを囲まれ、細かい粒子のような状態で液体と混ざり合っているため。この粒子を脂肪球と呼ぶ。

生クリーム crème fraîche

　日本の生クリームをフランスのものと比較すると、舌触り、水と脂肪球の安定性という点でかなり劣ります。味わいを損ねる生クリームからの離水が起こりやすいので、厳密な温度管理と新鮮さが重要なポイントです。とくに熱によって変質しやすいので、管理の行き届いた店舗で購入し、よく冷えた冷蔵庫で凍らせないようにして保管します。たとえ3℃以下のよく冷えた冷蔵庫でも、想像以上の早さで鮮度と豊かな味わいは失われます。製造後の時間の経過とともに脂肪球の混ざり具合が変化を起こし、重くてべっとりとした舌触りになり、混ぜ合わせるほかの素材の味わいを消してしまうので、早く使うようにしてください。ボウルを氷水にあてて泡立てる、できあがったお菓子を5℃以下の冷蔵庫にすぐ入れるなど、とり扱いにも注意してください。

　乳脂肪分は35～50％のものがあります。乳脂肪分が増すにつれて保形力が増し、ツルンとしてしっかりした舌触りになります。

小麦粉 farine

　小麦粉を一般的に分類すると薄力粉、強力粉といった呼び方になります。これは粉の中に含まれているタンパク質の量と質による分類方法です。粉に水を加えて練ると「コシ」がでますが、それ

はタンパク質が水と結合してグルテン*という物質を形成するからです。同じ薄力粉でもメーカーによってタンパク質の量と質が違うのでコシの強さは異なります。

もうひとつの分類法は特等粉、1等粉など、小麦の外皮や胚芽がどのくらい混ざっているかによるもので、等級が高いほど「小麦の中心部分」が多くなっています。特等粉だからといっておいしくなるわけではないので、入手しやすい粉で十分です。大切なのは保存方法です。とにかく湿気は大敵。湿気とカビ防止のために密閉容器に入れて冷蔵してください。かなり長い時間がたっても、使う時に不快なにおいがなければ大丈夫です。

薄力粉だけで生地をつくるとただやわらかいだけのぼけた歯触りと味わいに仕上がりがちです。強力粉を混ぜて使うと、フランス産の粉でつくったしっかりした食感に近づきます。

*グルテン:小麦粉に含まれるタンパク質は水と結合して「グルテニアン」と「グリアジン」というゴムのような弾力のある物質にかわる。この2つの物質が混ざり合ったものがグルテン。薄力粉の場合は細長くグルテンがつながり、強力粉の場合は膜のようにつながる。

チョコレート *chocolat*

本書ではおもにクーベルチュールチョコレートを使用しています。クーベルチュールは製菓用のチョコレートでカカオ分35％以上、そのうちカカオバター31％以上、固形分2.5％以上を含み、カカオバター以外の油脂分を含まないものをいいます。一般的にはスイート、ミルク、ホワイトに分けられます。

チョコレートは酸化によって短期間で香りが著しく劣化することはありませんが、製造されてから私たちの手元に届くまでに数ヵ月はたっていることが多いので、早めに使ったほうがよいでしょう。脂肪が酸化しないよう、空気と光が入らないようにアルミホイルなどで包み、密閉して冷蔵庫で保存してください。湯煎にかけて溶かす場合は、高温あるいは長時間の湯煎はチョコレートがかたくなって使えなくなるので注意してください。

酒 *liqueur*

お菓子に酒を加える目的は、酒の持つ香りと味わいでそれぞれお菓子の中心となる素材の味わいをより印象的に際立たせ、おいしさを引きだすことにあります。酒はいったん開栓すると急速に香りがぬけてしまいます。またコルクでなくブリキ栓では開栓しなくても半年ほどで香りやアルコール分が失われます。家庭でのお菓子づくりにはミニチュア瓶を使ったほうが無難でしょう。開栓したら早く使い切り、保存する時は栓にテープなどを巻き、空気の流通を抑えて冷暗所に置きます。

ナッツ *fruit sec*

新鮮さが命です。油が染みたようなものは、保存状態が悪い、あるいは古いもので香りと味がとんでいます。ナッツはスペインなどヨーロッパ産が秀逸です。とくにアーモンドは、スペインのカタルーニャ地方、レリダ産のものは力強さがあり、お菓子に豊かな表情を与えてくれます。

香料 *arôme*

香料のほとんどは香りを凝縮したものです。これを加えることで中心となる素材の特性を強調します。洋菓子づくりには欠かせないものです。合成ではなく天然のものを選んでください。とくにバニラはマダガスカル産のバニラが日本の希薄な味わいの素材に膨らみを与えてくれます。

フルーツ *fruit*

日本の果物は香りと味わいが弱いので、生のものを使うよりもヨーロッパ産などの缶詰や冷凍フルーツのほうがよい場合がほとんどです。生のフルーツを使う場合は酒や香料で味わいを補います。

凝固剤 *gélifiant*

さまざまな口溶けを表現するために、ゼラチンだけでなく、フォンドニュートラル、ジャムベースなどを使います。凝固剤によって、ムースやジュレの食感に特徴がでます。生クリームの泡立てには離水を防ぐために安定剤を加えることもあります。タンパク質を含んでいるので、酸化と湿気を防ぐために遮光性の高い袋に入れて密閉して保存します。

生地とクレーム

本書でおもに使っているパートゥやクレームの説明です。深く知ることで、お菓子づくりがより楽しくなるはずです。

Pâtes et crèmes

パータ・ビスキュイ（別立て生地）
Pâte à biscuits

フランスでは平坦なやわらかさだけのジェノワーズ（共立て生地＝スポンジ生地）はほとんど使わず、パータ・ビスキュイが多く使われています。パータ・ビスキュイは卵黄と卵白を別々に泡立てて2つを合わせ、さらに粉などを混ぜて焼く生地です。卵白と卵黄の混ざり具合、その他の素材との混ざり具合が浅いため、それぞれの素材の特徴が生きた多重性と多様性が味わいに膨らみを与えます。ひと口にパータ・ビスキュイといっても、ババロアやムースとの相性を考えたさまざまな配合があります。

日本の卵白でおいしいパータ・ビスキュイをつくるには、「卵白の水様化」（→P154）、「混ぜる、泡立てる」（→P164）など、理解しなければならない点がいくつかあります。やわらかい泡立ちのジェノワーズ生地は木べらでも混ざりますが、ビスキュイ生地のかたいムラングは木べらでは混ざりません。パリの「ジャン・ミエ」では、料理で使うエキュモワール（穴杓子）で混ぜています。薄く丸い先端のすくう部分と柄のところで"ムラングを切る"ように混ぜることで、かたいムラングもよく混ざるのです。

「別立ての生地では混ざりやすいようにムラングを8分立てにする」とよくいいますが、これは別立ての多様性や立体感を消してしまうので正しくありません。つまりムラングがやわらかければより薄くのび、量も多いために、卵黄のアパレイユを卵白が包んでしまい、卵白の白色が生きた焼きあがりになります。歯触りも卵白のしなやかさの生きたフニャフニャのやわらかさです。その他の素材も卵白の繊維に包まれるので、卵黄やアーモンドなどの深い味わいが感じられない平坦な味わいになります。ムラングは8分立ての混ざりやすいやわらかさのところでやめずに、少しポロッとしたかたさがでるまで泡立てます。卵白がボウルから離れるほどかたく泡立てることによって、ムラングにはのびる力がなくなり、卵黄その他を混ぜたアパレイユがより薄くのび、逆に卵白を包みます。焼きあがりは卵黄、アーモンドなどの黄色とそれぞれの素材が生きた多様性のある味わいに焼きあがります。

パータ・ジェノワーズ（共立て生地）
Pâte à génoises

今でも多くの人がフワフワのやわらかさがこの生地のおいしさのすべてだと考えています。しかしこれは正しい見方ではありません。なぜ日本でフワフワのスポンジ生地が大きな位置を占めるようになったのかは、私たちお菓子屋の一方的な理由によるものです。スポンジ生地に生クリームをぬるお菓子はもっとも工程が少なく、技術的に簡単であり、短時間で効率よくできるからなのです。デコレーションの生クリームも砂糖を加えてミキサーにかければいいのですから。食感の印象が弱い生クリームには、やわらかいスポンジ生地が合っていたのです。ただそれだけのことだと私は考えています。

フランス菓子ではやわらかさというものはそれほどおいしいものとは考えられません。「ジャン・ミエ」では、ジェノワーズを使ったお菓子は、この本にある「トゥランシュ・シャンプノワーズ」の変則的なジェノワーズ・ムースリーヌ（P74）とその他わずかでした。

フランスでのパータ・ジェノワーズの一般的配合は、全卵（殻つき）500g、グラニュー糖250g、中力粉250g、溶かしバター100gで、割合は2:1:1:0.4となります。製法は全卵をほぐし、グラニュー糖を加えて35～40℃に加熱し、ハンドミキサー（ビーター2本）の速度3番で3分30秒かたく泡立てます。特徴は泡に含まれる卵黄が生地に流動性（流れる力）を与えるので、ムラングが入るパータ・ビスキュイと比べると、粉

などが泡の中により細かく浸透するため、すだちが細かくなり、それに比例して生地のやわらかさが増してきます。

　私はこの製法に新たな要素を加えて新しい感覚のジェノワーズを考えました。粗挽きのアーモンドパウダーを加えることにより、力強い食感が生まれ、味わいも深いものに変化させています。

　たとえショートケーキ用のやわらかさを必要とする場合でも、生地の表面が一度ふくらんでから、ほぼ平らになるまで十分に焼いてください。よく焼いて水分を効率よくとり除き、その生地が持つ個性的な香り、味わい、歯触りの特徴がでるようにします。焼き時間を短くして「あとでしとりがもどってやわらかさがでるように、水分をできるだけためるように焼く」という考え方は正しくありません。すだちはつぶれ、歯にまとわりつく不快な食感に仕上がったり、シロップを打つとぐちゃぐちゃになったりします。

フォン・ドゥ・ダックワーズ
Fond de dacquoise

　ダックワーズは卵白と砂糖、アーモンドパウダーを混ぜた生地で、さまざまな配合があります。よい状態の生地をつくるためには卵白の水様化がとても大事です。この生地は、アーモンドなどのかなりの混ぜものが入るので、混ぜ終わるとムラングの量は1/3ほどに減ります。それでも生地は流れださないしっかりしたかたさでなければなりません。生地が流れだすほどにムラングの泡がつぶれてしまうと、生地がかたくなったり、歯切れが悪くなったりします。いずれにしてもムラングの泡の量は減るので、ムラングを泡立てている時、気泡量の多さを考える必要はありません。水様化した卵白をボウルごとよく冷やして、はじめに、あるいは2回めに加える砂糖を通常より多くして、砂糖の粘りで泡を強くすれば、強いムラングがつくれます。ダックワーズ生地のムラングには混ざりやすさと強さが必要です。

　焼きあがりの食感は、材料の配合によってかわってきます。アーモンドパウダーが増えれば、しっとりとしてホロッとしたやさしい歯触りが増します。砂糖が増えれば、カリンとした砂糖のかたい歯触りが増します（ただし、焼きがたりなくて生地にまだ水分が残っている状態では、ネッチリとした歯切れの悪いものになってしまいます）。粉が増えれば生地にしっかりした歯触り、かたさが増してきます。

　この生地を構成する素材の数は少なく、その分アーモンドの質で生地のおいしさが決まってしまいます。アメリカ産のアーモンドではどのようにしても十分な味わいの豊かさは得られません。スペイン産、中でも雨の少ない内陸のものがとても味わい豊かです。生地においしさをつくりだすとともに、おいしさがずっと長持ちします。

オーブン Le four

　最近のオーブンはサーモスタットがとても精巧で焼きやすくなってきました。しかし同じメーカーの同じ機種でも10~20℃の温度の違いがありますので、本書のプロセスカットで示した焼き色に時間を合わせてください。

　なお、1つの生地で温度の誤差がわかれば、ほかの生地にもその誤差が適応できますので、以下のように試した上で調整してください。同じ生地を3度焼けば、だいたい時間と焼き色は合わせられます。

例「30分焼く」とある場合

◆早く焼きあがってしまった
・15分でこんがりと焼き色がついてしまった
　→ 次回は20℃下げてみる
・20分で焼き色がついてしまった
　→ 次回は10℃下げてみる

◆なかなか焼きあがらない
・40分たっても焼き色がつかない
　→ 次回は20℃上げてみる
・30分でやっと薄い色がついた
　→ 次回は10℃上げてみる

　多くの場合、フランス菓子ではしっかりと焼くのが基本です。生地の中に水分を残すように焼くのではなく、十分に水分をとり除くと考えます。これによって生地の個性的な味わいが得られます。やわらかさだけをお菓子の味わいの中心に考えてはいけません。

　焼きあがった生地はその日のうちに使います。残った場合はビニール袋に入れて冷凍します。そのままおくと生地の種類によっては乾燥したり、暑い時にはカビが生えたりします。ただし冷凍はできる限り一度だけです。解凍してさらに冷凍することはさけてください。著しく味わいが失われます。

ババロア Bavarois

　日本の素材でフランスとまったく同じ味わいのババロアをつくりあげることは不可能ですが、日本の素材の特性をよく理解して新たな技術で組み立てることにより、フランスにとても近いもの、時にはそれ以上のものをつくりあげることが可能です。

　製法としては、クレーム・アングレーズをつくり、ゼラチンを加えて裏漉しします。これを冷やして生クリームと混ぜ合わせ、冷やし固めたものがババロアです。

　かならず温度計で計り、卵黄のとろみの程度をしっかり、そして確実にします。とろみが不十分では、ババロアのおいしさが十分にでません。卵黄が半煮えとなり、とろみがつくことによって、力強く豊かな味わいに変化し、味わいを特徴づけます。

　とろみをつけて裏漉ししたクレーム・アングレーズは、温度計で計りながら18℃まで冷やしてから、生クリームと混ぜます。これには2つの意味があります。

1) 温度計を使ってクレーム・アングレーズの温度を確実に18℃まで下げ、生クリームが熱で傷まないようにします。

2) クレーム・アングレーズを18℃以下に冷やすと、ゼラチンは急速に固まりはじめ、クレーム・アングレーズのとろみとあいまって粘度が著しく増し、生クリームと混ぜる時に薄くのびず、目にみえない部分で生クリームを小さく包んでくれません。つまり正確に18℃にすれば、ゼラチンの入ったクレーム・アングレーズはすぐには固まりはじめないので、より薄くのび、生クリームと深く混ざり合い、ゼラチンの入ったクレーム・アングレーズの小さな部屋に生クリームを包んでくれるのです。たとえ冷凍などで生クリームからの離水があっても、生クリームはこのクレーム・アングレーズの小さな部屋の外にでないので、舌にはまずさとして感じられません。

　おいしいババロアをつくるためには、温度計で温度をきちんと計りながら作業をすることが、最良の状態を確実に得る方法です。

ムース Mousse

　クレーム・アングレーズに生クリームを加えた「ババロア」に対し、クレーム・アングレーズが入らずに、生クリームに果汁などを加えたものを、今フランスではムースと呼ぶようです。

　ムースにはさまざまな配合、製法があります。
1) 生クリームに果汁、その他を加えたものは、通常はゼラチンなどの凝固剤を加えて冷やし固める場合がほとんどです。ムースは泡という意味です。以前はムラング・イタリエンヌなどを加えて軽さを与えたものを「ムース」と呼んでいましたが、現在は「軽さ」が与えられていないものでも「ムース」と呼ばれています。

　生クリームを使ったムースでもっとも大事な点は、製造されてからずっと5℃以下に保存されていた、よい状態の生クリームを使うこと。そしてババロア同様にかならず温度計を使って温度を正確に調整することです。

　生クリームとアパレイユを混ぜ合わせる温度は、基本を10℃とします。クレーム・アングレーズのとろみが加わるババロアの18℃より、さらに低くなります。クレーム・アングレーズの卵黄のとろみが入らないため、18℃の段階ではサラサラしたリキッド状で、生クリームとよく混ざり合いません。10℃まで冷やすことによって、ゼラチンのとろみが強くつきはじめますので、それから生クリームと混ぜ合わせます。十分に混ざってくるにしたがって、生クリームの冷たさでゼラチンはさらにしっかりと固まりはじめます。とろみが十分につきはじめるにしたがって、生クリームとの混ざり具合はとてもよくなります。しかし10℃以下の低い温度ではゼラチンが過度に強く固まりはじめるため、薄くのびずに逆に生クリームと深く混ざり合わなくなります。

2) 生クリームとではなく、ムラング・イタリエンヌとバターを合わせた「バターのムース」（ムース・オ・ブール）もあります。

　ムースというカテゴリーは次ページのように分類されます。

生クリームを使ったムース

生クリームを使ったものは次の4つに分けられます

1　ジュースなどを加える ───┬─ ●凝固剤は加えない（A）
　　　　　　　　　　　　　　└─ ●凝固剤（ゼラチン、フォンドニュートラルなど）を加える（B）

2　カカオバターを含んだチョコレートを加えて固める

3　1のA、Bにムラング・イタリエンヌを加える

4　1のBと2にパータ・ボンブを加える（クレーム・シャンティイ・ショコラなど）

バターを使ったムース

バターを使ったものは次の2つに分けられます

1　ムラング・イタリエンヌを使う ───┬─ ●バターのアパレイユにムラング・イタリエンヌを加える
　　　　　　　　　　　　　　　　　　└─ ●バターのアパレイユにクレーム・アングレーズを
　　　　　　　　　　　　　　　　　　　　加えてから、ムラング・イタリエンヌを加える

2　パータ・ボンブを使う ─────── バターのアパレイユにパータ・ボンブを加える

ムラング　Meringue

　フランス菓子において、できあがりのよし悪しはムラングのできいかんにかかっているといえるほど重要なものなのです。
　ムラングはその製法により、一般に「ムラング・オルディネール」（＝ムラング・フランセーズ）、「ムラング・シュイス」「ムラング・イタリエンヌ」の3種類があります。いずれもハンドミキサーで泡立てます。

ムラング・オルディネール

　その他の素材と混ぜ合わせてオーブンで焼くなどして、ムラングの状態を固定化するもの、ビスキュイ、ムラング・セッシュ（乾燥メレンゲ）などによく使われます。ババロアやムースには泡の消えた卵白がもれでてきて味わいを大きく損ねるので使えません。
　一般的な製法としては、少しの砂糖、あるいは砂糖なしで卵白を十分に泡立て、その他の素材と合わせます。
　泡立てる過程では、以下の3点をみて確かめてください。泡立つにつれ、次第に白さが増します。次にビーターの跡が深くなり、かたさが増します。そして、キラキラしたツヤから乾いたいぶし銀のようなツヤになります。
　ムラング・オルディネールの特長は、3つのムラングの中でもっとも量が多く、軽いものができるという点です。食感ももっとも軽くてフワッとした舌触り、そして口溶けも良好です。また、つくり方や砂糖の量などをかえることにより、わりあい簡単に生地の種類に合わせたムラングを得ることができます。欠点はそのまま放置すれば、短時間で泡が消えはじめ、もとの卵白液にもどってしまうことです。

ムラング・シュイス

　一般に卵白の重量の1.5～2倍の砂糖を卵白とともに60℃弱程度に熱し、高速で十分に泡立てます。これは砂糖の粘度を加熱によって低め、その熱のあるうちにかなりの程度泡立てることによっています。泡立つようにムラングの粘度を落として、常温にもどってからもさらにかたく泡立てる方法です。このムラングの特長は、はじめから砂糖が加えられ、その粘度により、3つのムラングの中でもっとも安定し、流動性にも優れていることです。そのためクリスマス用のアントゥルメのための人形などを絞る際にも、静かにミキサーにかけておけば長時間きれいに絞れる状態を維持できます。欠点としては、砂糖の量が多く、その粘度により量的に十分な気泡が得られず、ほかの2つのものに比べて重い舌触りと口溶けになることです。

ムラング・イタリエンヌ

　ムースやババロアにはかならずムラング・イタリエンヌを使います。けっしてムラング・オルディネールを使ってはいけません。ムラング・オルディネールは短時間で泡が消えてもとの卵白液となり、ムースやババロアからもれだしてべっとりとした不快な舌触りになります。
　ムラング・イタリエンヌはシロップの熱で部分的に半煮えの状態となり、少しとろみがつきます。これがゼラチンのような働きをして、一度泡立ったムラングの泡を保とうとする力が生まれます。正しくつくられたムラング・イタリエンヌは何時間たってもずっと泡が消えず、お菓子の味わいが劣化しません。生の卵白を使うムラング・オルディネールを、焼成しないババロアなどに使うのは衛生的にも好ましくありません。ムラング・イタリエンヌはシロップの熱によってかなり腐敗菌が死滅しています。

よいムラング・オルディネールの条件

　具体的によいムラングを泡立てるために、下記の4つの条件を与えてください。
1) **気泡量**：それぞれの用途に応じて十分であること。
2) **かたさ**：それぞれの用途に応じた適当なかたさであること。
3) **流動性**：スムーズにほかの素材と混ざり合うこと。
4) **安定性**：それぞれの用途に応じて、気泡の目が細かく、そして消えにくいこと。

普通、ムラング・オルディネールをつくる時は、はじめに砂糖を加えないか、あるいは砂糖を少なくして泡立てても、まず1)の気泡量、2)のかたさは簡単に得ることができます。しかし3)の流動性、4)の安定性はなかなか得られません。

一般的に、卵白は泡立ちにくい条件のもとで泡立てたものほど、3)の流動性と4)の安定性がでてきます。泡立ちにくくする方法には以下の2つがあります。

A) **冷やした卵白を泡立てる**：温度が低いと表面張力が強く働き、気泡量、かたさは抑えられますが、流動性と安定性は増してきます。

B) **卵白に加える砂糖の量を多くする**：砂糖を多く加えるほど卵白液の粘度は増し、気泡量、かたさは抑えられますが、流動性と安定性は増してきます。

日本の卵白ではこの4つの特性すべての条件を満たすムラングをつくるのは容易ではありません。それぞれのお菓子づくりにおいて上記のムラングの4つの条件のうち、どれとどれが必要であり、どうするべきかを考えてください。以下にその一例をまとめます。

ビスキュイ・ア・ラ・キュイエール

1)〜4)すべての要素が必要です。

粉が多量に入るために最後には生地がかなりかたくなるので、泡がそのかたさでこすれて、つぶれやすくなります。軽いサックリした歯切れのためには気泡量も必要です。

● 卵白はボウルごと冷やしておく。
● はじめの砂糖は少なくして、気泡量を多くする。
● 泡立て時間を長くしてムラングをかたくする。
● 2回めの砂糖を多めに加えて、この粘度で泡を強く締める（もし2回めの砂糖をはじめから加えて泡立てれば、卵白の粘度が強すぎて気泡量が20％ほど減る）。

フォン・ドゥ・ダックワーズ

2)〜4)が必要です。

アーモンドパウダーなどの混ぜものが多いので生地が締まり、泡がある程度つぶれるので、気泡量は必要ありません。泡の強さと混ざりやすさが必要です。

● 卵白はボウルごと冷やしておく。
● 1回めの砂糖を普通にして泡立てる。少し浅めに泡立て、2回めの砂糖をかなり多めに加え、その後の泡立て時間を少し長めにして泡に強さをだす。

クラシックなガトーショコラ

3)の流動性だけが必要です。

ムラングをチョコレートのアパレイユに深く混ぜ込むので気泡量はいりません。チョコレートの中に深く混ざっていくように、かたさもいりません。

● 卵白は少しだけ冷やして15℃にする。卵白をあまり冷たくすると、その冷たさでチョコレートが固まり、ムラングとよく混ざらない。しかし卵白が冷たくないと、ムラングは弱くつぶれやすくなるので、これを防ぐためにはじめからかなり多めの砂糖を加え、泡立て時間も短くする。
● 2回めも多めの砂糖を加える。やわらかいツヤのあるムラングだが、強さと混ざりやすさがでる。

ビスキュイ・オザマンドゥ
ビスキュイ・ジョコンドゥ

1)と2)が必要です。

混ざりやすさは必要ありません。混ざりやすさがあるとよくのびて、前述のようにほかのアパレイユを包んでしまいます。

ノォン・ドゥ・マカロン

2)と3)が必要です。気泡量はそれほど必要ではありません。

ムラング・セッシュ

2)と3)が必要です。気泡量はそれほど必要ではありません。

卵白の水様化

日本の卵白は意識的に水様化させ、新鮮でスプーンではすくえないドロンとした状態から、サラサラした状態にしなければなりません。

一般的には水様化の程度としては、ビスキュイなどにはスプーンですくって落とすと、糸を引くような少しとろみが残っているくらいがよい状態です。水のように少しの糸も引かずサラサラに流れるほど水様化の進んだ卵白は、深く泡立ててもかたくならず、混ざりのよすぎる泡になりビスキュイには不向きです。

一方、ムラングだけのフォン・ドゥ・ダックワーズなどの生地は、深く水様化した卵白のほうが混ざりがよく、量のある軽い歯触りの生地ができます。水様化が少ないと泡がつぶれやすくなります。

以下に焼成しないムラング・イタリエンヌ用の水様化卵白と、焼成する生地用の水様化卵白のつくり方を記します。

ムラング・イタリエンヌ用の水様化卵白

卵白は90％が水分で、残りがタンパク質の繊維です。キウイフルーツ、パパイヤ、パイナップルにはタンパク質を分解する酵素が含まれていて、これが卵白の繊維を化学的にほぐして水様化させます。ただしこの力は強いので、あまり長くおくと水様化が進みすぎ、かえって弱い泡立ちになります。慣れないうちは、そのまま口に入れることになるムラング・イタリエンヌ用の卵白には、衛生的にもこの水様化の方法が無難です。

キウイフルーツは青くて酸味のしっかりしたものを使います。やわらかくなりすぎたものではなかなか水様化しません。

1) 卵白1ℓに対して、キウイフルーツの裏漉し5gをフードプロセッサーに入れて1分回す。30秒ほどでかなり泡立った場合はそこでとめる。泡立った部分を捨てる。
2) 密閉容器に入れ、一晩常温におく（気温20℃以下の場合）。気温20℃以上の場合は冷蔵庫に入れる。
3) 冷蔵庫で保存し、3日間で使い切る。あまり長くおくと水様化が進みすぎ、かえって泡立ちが弱くなる。

焼成する生地用の水様化卵白

1) 卵白をできるだけ涼しいところ（20℃ほど）に置き、1日1回レードルでよく混ぜる。4〜5日で少しずつ水様化してくる。
2) レードルですくえ、サラサラと落ちるが、よくみると少しトロッと落ちる部分があるまで水様化させる。
3) ここで冷蔵庫に移し、水様化の進行を抑える。焼成するので、ほんの少しならにおいがではじめてもまったく問題はない。冷蔵で4〜5日はもつ。

準備しておくもの
Les préparations

ポマード状バター　*beurre en pommade*

1 バターは早く室温にもどるように厚さ約1cmに切り、ボウルに重ならないように入れて25℃ほどのところに10〜20分ほど置く（**a**）。パート・ウ・シュクレなどに使う場合は少しかために、バターのムースなどは軽く指が入るくらいが目安（**b**）。

2 木べらの場合は【平行だ円】で（**c**）、ホイッパーの場合は【円】で、ポマード状になるまで混ぜる（**d**）。

溶かしバター　*beurre fondu*

1 手つき鍋（小）にバターを入れて火にかける。バターが溶けたらすぐ火からおろし、そのままほぼ常温に冷ます。40℃くらいが目安。ビスキュイなどで加える分量が少ない場合は、たとえ沸騰しても全体の味わいには影響がないので、わざわざ湯煎で溶かす必要はない。

30°ボーメシロップ　*sirop à 30° Baumé*

Ingrédients　できあがり約100g分
- 70g　グラニュー糖
- 54g　水

1 手つき鍋（小）にグラニュー糖と水を入れてスプーンでよく混ぜる。水をつけたハケで鍋の内側についた砂糖の粒を中にもどす。

2 火にかけ、沸騰しかかったところでもう一度スプーンでよく混ぜてグラニュー糖を溶かす。沸騰したところで火からおろして冷ます。前もってつくり、常温保存しておく。

ぬり卵　*dorure*

Ingrédients　できあがり約65g分
- 27g　全卵
- 13g　卵黄
- 22g　牛乳
- 2g　グラニュー糖
- 少々　塩

1 全卵と卵黄を合わせてほぐす。ここに牛乳とグラニュー糖、塩を加えて混ぜる。裏漉しする。冷蔵庫で保存できるが、砂糖と塩が極端に少なく腐りやすいため、少量ずつつくって2〜3日で使い切る。

型の準備　*préparer le moule*

1 バターをポマード状にし、型にハケでぬる。

2 いったん冷蔵庫に10分ほど入れて冷やし、バターを固める。バターが溶けていると粉が多くつきすぎるため。

3 強力粉を型の内側全体に茶こしでふる。型を逆さにして1回軽く叩き、余分な粉を落とす。使うまでに時間がある場合は、室温20℃まではそのまま置いてよいが、20℃以上の場合は冷蔵庫に入れる。

ムラング・イタリエンヌ　　　　　　　　　　　　　　　　　　　　　Meringue italienne

本書ではムラング・イタリエンヌはハンドミキサーで泡立てています。卵白60g以下（最低30gの卵白が必要）の場合は手つき中ボウルを使い、ハンドミキサーにビーターを1本つけて泡立てます。卵白60g以上の場合は深大ボウルを使い、ビーターを2本つけて泡立てます。参考までに分量が多い時に、キッチンエイドとケンミックスで泡立てる場合のルセットゥもまとめました。ハンドミキサーで泡立てる場合にはかならず多めの乾燥卵白を加えます。ビーターの刃はかなり薄く鋭いので、キッチンエイドなどのホイッパーのワイヤーから比べると、かなり細かく卵白を寸断します。そのため熱いシロップを加えると、量の多すぎるつぶれやすい泡、いわゆるボカ立ちになってしまいます。そこで乾燥卵白を加えて卵白の粘度を増してボカ立ちを抑えます。キッチンエイドの泡立ちより15％ほど気泡量が少なくなりますが、コシの強い、混ざりやすくて、つぶれにくいムラングができます。

Ingrédients

- 30g　水様化させた卵白
- 5g　グラニュー糖 a
- 3g　乾燥卵白
- 45g　グラニュー糖 b
- 15g　水

1　手つき中ボウルに水様化させた卵白、グラニュー糖a、乾燥卵白を入れ（**a**）、冷蔵庫で冷やしておく。

2　手つき鍋（小）にグラニュー糖bと水を入れ、スプーンでよく混ぜる。ハケに水をつけて鍋の内側についたグラニュー糖を中にもどし（**b**）、火にかける。
　シロップを煮詰めると、水分は蒸発して少なくなり、本当は溶けていない砂糖が溶けている過飽和溶液状態になります。底に砂糖の粒やチリなどがあると、これが核となって煮詰めている途中でも砂糖が再結晶して固まることがあります。そのためムラングにシロップがきれいに混ざらず、つぶれやすいとても弱いムラングになってしまいます。フランスでは水道水の石灰分が多いので117℃の煮詰め具合でも再結晶しやすいので、しっかりと表面に浮いたアクをとり除きます。日本の水道水は硬度が低いのでアクをとる必要はありませんが、地域によって水道水に石灰分が多いところでは、アクをとる必要があります。

3　シロップが沸騰しはじめたら（**c**）、もう一度スプーンでよく混ぜ、ハケに水をつけて鍋の内側についたグラニュー糖を中にもどす。

4　1をハンドミキサー（ビーター1本装着）の速度2番で1分→3番で1分30秒泡立てはじめる（**d**）。

5　4の泡立てが終わる時間（計2分30秒前後。10秒前後のずれはかまわない）に合わせて、シロップが119℃になるように火加減を調節して煮詰める（**e**）。
　実際のシロップの温度は117℃。シロップの量が少なくて温度計を鍋底につけて計る時は、誤差を考慮して119℃まで煮詰めます。

6　5を4のムラングが動いているところに太いヒモ状に手早くたらす（**f**）。動いていないところにたらすとムラングが完全に煮えて固まり、ムラングの小さな粒ができやすくなる（できたとしても味わいには影響はない）。

7　シロップを入れ終わったら、さらに速度3番で1分泡立てる（**g**）。
　シロップを深くムラングに浸透させ、強さとかたさをだします。

8　バットに広げて温度を調整する（**h**）。
　バターのムースに使う場合は、ムラングの温度が高いとその熱でバターが溶けだし、ムラングの泡が消されてしまいます。逆に冷たすぎると、バターが固まってムラングと混ざらないため、泡がつぶれて分離します。そのためバターのアパレイユと混ぜた時に、バターが溶けだしても固まらない25℃前後に調整します。室温15℃以下の冬場

には30℃に、室温20℃くらいの春と秋には25℃に、室温25℃の夏場にはできたてを冷蔵庫に入れるとムラングが冷えすぎてしまうので、25℃くらいまで冷ましてから、冷蔵庫に入れてさらに20℃前後にします。ムラング・イタリエンヌの温度調整は大事なポイントです。

キッチンエイドで泡立てる

最低60gの卵白が必要です。
注意してつくれば乾燥卵白は加えなくてもよい状態に泡立てることができます。

Ingrédients

- 60g 卵白
- 10g グラニュー糖a
- 小さじ1杯 乾燥卵白
- 90g グラニュー糖b
- 30g 水

1　ミキシングボウルに卵白、グラニュー糖a、乾燥卵白を入れ、冷蔵庫で冷やしておく。

2　*1*をホイッパーで軽く混ぜる。ホイッパーをつけて速度5番で泡立てる。

3　P156の*2*、*3*と同様にシロップを加熱する。

4　シロップの温度が110℃になったら、*2*を速度10番で約1分30秒ほど泡立てる。
　シロップを加える前のムラングの泡立ち具合とかたさによって、泡立て時間はかなりかわります。

5　シロップが119℃になったら、*4*のボウルの内側を伝わらせて加える。
　直接ムラングに加えると、ホイッパーにシロップがあたって飛びちってしまいます。

6　シロップの⅔量を加えたら、速度を徐々に落としていく。シロップを入れ終わって速度6番で撹拌して、ホイッパーの中のムラングがまわりと同じ高さになる状態が、かたく泡立てすぎていない望ましいムラングのかたさ。
　シロップを入れる前にムラングをかたく泡立てすぎると、シロップを入れてすぐに速度8番、9番でまわりと同じ高さになってそのまま泡立てることになり、混ざりの悪いかたいムラングができてしまいます。

7　さらに約2分泡立て、ホイッパーの中のムラングがふっくらとしたかたさになればよい。

ケンミックスで泡立てる

最低150gの卵白が必要です。

1　つくり方は「キッチンエイドで泡立てる」と同様。ただし、卵白はNo4で5分ほど時間をかけてかたくふっくらと泡立てる。ミキサーの速度はできるだけ最高速度に上げずにNo6くらいでシロップを少しずつ加えていき、すぐに速度を落とす。シロップを入れ終わった状態はやわらかめでよい。さらにNo5で5分かけて泡をかたくふっくらとさせる。
　早い速度で泡立てると、弱くて混ざりの悪いボカ立ちになります。

La technique | 157

パータ・ボンブ

Pâte à bombe

Ingrédients

- 27g　グラニュー糖
- 17g　水
- 50g　卵黄

1 　手つき鍋にグラニュー糖と水を入れて火にかけて軽く沸騰させる。煮詰めない(**a**)。

2 　*1*と同時にガラスボウル(小)に卵黄を入れ、ホイッパーで白っぽくなるまで混ぜる【直線反復】。

3 　*2*に*1*を少しずつ加えながらホイッパーで【円】で手早くよく混ぜる(**b**)。

4 　ガス台に石綿を置いて*3*を弱火にかける。上からボウルの底を叩くようにしてホイッパーで手早く泡立てる(**c**)。加熱するにしたがって泡立ってくる。次第にホイッパーの跡が深くなり、ガラスボウルの底がたえずみえるようになったら火からおろす。

手早く十分に泡立てることで熱伝導が緩慢になり、卵黄が煮えすぎる危険が少なくなります。強火にすると火からおろしてからも余熱で煮えすぎます。底が見えるか見えないかは量によって異なります。

5 　さらに30秒ほど【円】で混ぜ、余熱でとろみをつける(**d**)。

6 　すぐに裏漉しして手つき中ボウルに入れる(**e**)。煮詰め具合はかなりドロッとしているが、ゆっくりと十分に流れる力がある状態。

煮詰めすぎると気泡量が少なく、ムースのできあがりの舌触りが重めになります。煮詰め不足では気泡量が多すぎるつぶれやすい泡となり、混ぜる時に泡がつぶれて分離の原因になります。そうなるとムースの舌触りがざらつきます。

7 　すぐにハンドミキサー(ビーター1本装着)の速度3番で2分泡立てる(**f**)。

8 　さらに氷水に30秒~1分あてながら、2番で1分泡立てて温度を調整する(**g**)(**h**)。速度を落としてさらに撹拌すると、泡が小さくなって強さがでる。

バターのムースに使う場合は、パータ・ボンブが熱すぎると、熱でバターが溶けだして泡が消えてしまいます。冷たすぎるとバターが固まって、パータ・ボンブが混ざらないために泡が消えて分離します。バターが溶けだしも固まらない23~25℃になるように調整します。室温15℃以下の冬場には30℃に、室温20℃の春と秋は25℃に、室温25℃の夏場には20℃にします。

クレーム・アングレーズ　　　　　　　　　　　　　　　　　　　　　　　Crème anglaise

フランスでは通常、卵黄にとろみをつけるクレーム・アングレーズには、比熱が大きくガスの火がやさしく伝わる銅製のボウルや鍋を使います。フランスの卵には心地よいにおいがあります。しかし日本の卵の多くは飼料の魚粉によって生ぐささがあり、卵黄にもこのにおいが移っています。クレーム・アングレーズには果汁などを加える場合がありますが、イワシの成分が果汁とともに銅鍋で加熱されると、銅が化学的に不安定なために、さらににおいや味わいが強くなります。そこで銅製ボウルや鍋は使わずに、ガラスボウルを使って加熱します。厚手のガラスボウルは銅と同じで比熱が大きく、ガスの火がやさしく卵黄に伝わります。また化学的に安定しているので、イワシのにおいもでにくくなります。なお、クレーム・パティスィエールには銅ボウルを使います。果汁などの酸味を加えることはないのでイワシのにおいがでにくいためです。

Ingrédients

121g	牛乳
¼本	バニラ棒
42g	卵黄
31g	グラニュー糖

1 牛乳とバニラ棒を手つき鍋(小)に入れて火にかけ、80℃まで加熱する。
　けっして沸騰させません。とくにジュースやアルコールなどを使う場合は、沸騰させると味わいが著しく失われます。

2 *1*と同時にガラスボウル(小)に卵黄とグラニュー糖を入れ、ホイッパーで白っぽくなり、グラニュー糖が溶けるまでよく混ぜる【直線反復】。
　できるだけ卵黄の粒子を分散させてなめらかにします。

3 *1*の⅓量を*2*に3回に分けて少しずつ加え、ホイッパーで【円】でよく混ぜる(**a**)。残りは手早く混ぜながらサーッと加える。

4 ガス台に石綿を置いて*3*を弱火にかける。温度計を入れてホイッパーで底を軽くこすりながら80℃まで加熱してとろみをつける(**b**)。
　温度計は底につけます。この倍の分量までは80℃で確実にとろみがつきます。強く泡立てると空気が入りすぎて、ひどく泡っぽい不快な食感になってしまいます。できるだけ粒子が小さくなるようにゆっくり加熱してください。卵黄にとろみをつけることによって味わいに豊かさと力強さがでてきます。

5 80℃になったら火からおろす(**c**)。
　このあとにゼラチンを加える場合は、すぐに加えてホイッパーで手早くよく混ぜて溶かします【円】。ここまでは迅速にし、水を吸ったゼラチンを加えることによって粗熱をとり、余熱で卵黄が煮えすぎないように気をつけます。

6 裏漉しする。

パートゥ・シュクレ　　　　　　　　　　　　　　　Pâte sucrée

Ingrédients　直径18cmのフランキャヌレ型3台分

- 250g　薄力粉
- 1.2g　ベーキングパウダー
- 150g　バター
- 94g　粉糖
- 47g　全卵
- 38g　アーモンドパウダー

1　薄力粉、ベーキングパウダーを合わせてふるい、冷蔵庫で1時間冷やしておく。

2　バターを直径18cmのボウルに入れ、25℃ほどのところに置いて少しやわらかくする。木べらで混ぜ【平行だ円】、粉糖がようやく混ざりやすいくらいの少しかためのポマード状にする（**a**）。

指にかたさを感じるほどで、けっしてこれ以上やわらかくしてはいけません。必要以上にやわらかくすると、焼くと生地からバターがもれだし、口溶け、歯触りが悪くなります。パートゥ・シュクレはある程度のバターのかたさを保ちながら混ぜていくので、ホイッパーではかたすぎるため木べらを使用します。バターに粉糖や全卵を加えていく時は、小さめのボウルのほうが材料が木べらから逃げずに、よりよく混ぜることができます。ボウルが大きいと混ぜにくくなります。寒い時季、なかなかバターがやわらかくならない時は、ボウルをほんの少し弱火にあてて少しやわらかくしますが、混ぜていて十分に木べらを持つ手に重さが感じられるほどのやわらかさにとどめます。

3　粉糖を5回に分けて加え、10秒に15回くらいのあまり早すぎない速さで混ぜる【平行だ円】。10回混ぜてはバターを中央によせながら、80回ほど十分に混ぜる（**b**）。そのつど途中でボウルの内側をゴムべらで払う（**c**）。

粉糖は生地に細かく拡散して混ぜ込まれるため、粒の大きいグラニュー糖よりもカリンとした歯触りが得られます。また湿気にも強くなります。バターにほかの素材を混ぜ合わせる時は、あまり空気を入れないようにして、目にみえないところでとにかくよく混ぜることが必要です。これで焼成中にバターがもれだすのを防ぎます。歯触り、歯崩れも快いものになります。混ぜる速さは割合ゆっくりです。手早く、または強く混ぜると過度に空気がバターに入り込み、焼きあがった生地がもろくなったり、生地の密度が低くなります。そうなると水分のあるクレームなどと合わせると、より早く水分を吸うため口溶けが悪くなります。

4 ホイッパーでよくほぐした全卵を1/5量ずつ加え、3と同様に混ぜる（**d**）。だいたい混ざり込むと、木べらに徐々に重さが感じられるようになる。4～5回めは、卵液がバターの表面にかなりでてきて混ざりにくくなるので（**e**）、とにかくよく混ぜる（**f**）。

5 直径21cmのボウルに移す（**g**）。

6 アーモンドパウダーを一度に加え（**h**）、3と同様に混ぜる（**i**）（**j**）。

7 1の粉の半量を一度に加え、最初は切るようにゆっくりと混ぜていく（**k**）。

8 粉が少しだけになったら、強く生地をすりつぶすようにして混ぜる（**l**）。粉がみえなくなってから、さらに15回ほど混ぜる。

9 残りの1も加えて同様に混ぜる（**m**）（**n**）。生地がひとつにまとまって粉がみえなくなってから、さらに30回ほど粉が完全に混ざるまで混ぜる（**o**）。

　よく粉が少し残っているほうがよいといわれますが、これはまちがいです。素材同士の混ざりが悪ければ、かならず焼く時にバターがもれだします。

10 次にカードで手前からボウルの底を右半分こすりとって返しながら（**p**）、15回ほど生地を手前に折りたたむようにする（**q**）（**r**）。

　木べらは全体的には混ざりますが、ボウルの底など細かい部分はよく混ざっていません。翌日生地をのす時にベタベタとマーブル台につきやすくなるため、ここで細かい部分もよく混ぜ込みます。

La technique | 61

11 ビニール袋などで包み、四角に切ってすぐにのせるようにカードで平らな長方形に整える（**s**）。

12 冷蔵庫で一晩やすませる。
日本のバターは熱に弱いので、混ぜ終わったらできるだけ早く冷やさなければなりません。15時間ほどやすませると、卵の水分やバター、粉は自然にお互いに浸透していきます。素材同士の結びつきが強くなり、生地は均一でしっかりしたかたさに変化していきます。

13 翌日、生地を210ｇ切り分ける。角が自分の正面にくるように菱形に置き（**t**）、麺棒で裏表を返しながら少し強めに叩いてのばし（**u**）、均一でのしやすいやわらかさにする。両端は叩かずにはじめの厚さを残しておき、一番幅のある中央が一番薄く、両側に向かってなだらかに高くなるように叩いていく。何度も裏表をかえながらこうして叩いていくと、やがて生地は丸くなる。手粉は適宜ふる。

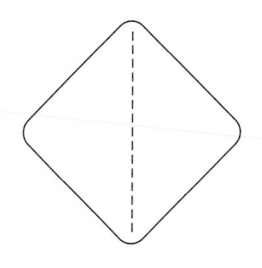

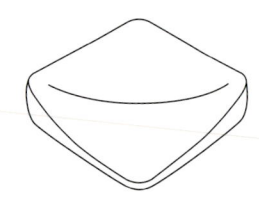

のし台として使うアクリル板や麺棒は冷凍庫で冷やしておきます。アクリル板の下にも保冷のために水で絞って冷凍庫で凍らせたタオルを敷きます。生地はけっして手でもんでやわらかくしないでください。手でもむと生地の中に深く浸透しているバターがでてきて焼成中にもれだします。

14 直径12〜13cmほどになり、やわらかさがでてきたら、厚さ3mmの木製の板を両端に置いてさらにのす（**v**）。
麺棒を転がす手は板の上を通るようにします。板よりも内側で手を動かすと、麺棒がたわみ、パートゥが薄くなりすぎることがあります。のす時にはけっして生地は裏返しません。

15 生地の表面と台の粉をハケでよく払い、生地を裏返す。
マーブル台に接していた面はどうしても手粉が多くなり、この部分は舌、唇に不快なサラサラした感触となって感じられますので、タルトゥの内側にくるように裏返して敷いて舌や唇に直接あたらないようにします。

16 型に敷く。ポマード状のバターを側面と底に薄めにぬっておいた型に、生地を少したるませてかぶせる（**w**）。

17 型の角に生地を少し押し込むようにして、生地を側面に合わせて立てる（**x**）。親指で力を入れないで生地を側面に貼りつける（**y**）。

18 余分な生地をプティクトーで切り落とす(**z**)。

かならず一晩やすませた翌日（長くても翌々日まで）に成形します。つくってから3〜4日たった生地を成形すると、ほとんどの場合は焼くとバターがもれだします。生地を仕込んでから15時間ほどあとには素材同士が強く結びついていますが、3晩たつとバターがふたたびほかの素材の外にでてきてしまいます。成形した生地はビニール袋で包んで冷凍し、1週間以内に解凍して焼きます。

19 オーブンで焼く。［電子レンジオーブン：予熱230℃／210℃で約14分］［ガス高速オーブン：予熱210℃／190℃で約14分］

高い温度で焼くと表面に濃いめの薄い層となって焼き色がつき、香ばしさがでます。生地の中心にいくにしたがって、香りが少しずつ異なってきます。歯触りは表面がカリッとしていて中心はホロッとした焼きあがりです。味は表面はより強く、中心は素材の味わいが生きたものとなり、ひとつの生地の中にさまざまな香り、味わい、食感、豊かさと膨らみなどの多様性がでてきます。たとえ同じ生地であっても低温で焼くと、全体が同じ穏やかな焼き色で、香り、味、食感が生地全体にわたって同じトーンで平坦なものとなってしまいます。「170℃ほどでしっかり水分をとり除いて焼かなければならない」ということを耳にしますが、これはまちがいです。たとえ生地がよい状態に仕込まれていても、あるいはバターの量が多くて本当は軽い歯触りに焼きあがるものであっても、中温で長時間焼けば、生地の中心まで過度に熱が入り、バターがもれだした時と同じようにガリガリの焼きあがりになります。200℃以上の高温で比較的短時間で焼きあげることが大事です。

余った生地の使い方
成形時に切り落とした生地は冷蔵庫でとっておく。新しい生地を叩いてある程度の大きさにしてから半分に切り、余った生地をはさんで重ね、さらに少し叩いてなじませてからのす。

混ぜる、泡立てる

mélanger, fouetter

本書のルセットゥでは、目的や素材によって混ぜる器具の種類や大きさ、
そして混ぜ方を使い分け、それらを明確に記しています。
それぞれの混ぜ方や泡立て方に意味があり、コツがあります。

混ぜる mélanger

　素材を混ぜる時、フランス菓子に必要な混ぜ方の考え方は、多くの場合それぞれの素材の特長を十分に残すために、混ざりすぎないように浅めに混ぜるということです。混ぜる速さや力の強弱にはとくに気を配ります。ビスキュイなどは普通は10秒に11回ほどのわりあいゆっくりな速さです。

　混ぜるための器具には木べら、ホイッパー、エキュモワールがあります。共通する基本的な混ぜ方は、常にボウルの中心を通し、底を軽くこすりながらまっすぐ移動させ、ボウルの側面を2/3の高さまでこすりあげながら混ぜることです。右手で器具を動かすのと同時に、左手はボウルを手前に1/6〜1/5ずつ回転させます。つまり5〜6回混ぜるとボウルは1回転します。また、混ぜている間にボウルの側面にアパレイユが広がってしまうので、区切りのいいところで混ぜる手をいったんとめて、ゴムべらで払って中にもどしてからさらに混ぜます。

木べらで混ぜる *spatule en bois*

木べらで【90度】で混ぜる

木べらの先の広い面をボウルのほぼ中央に直角に着地させ、木べらの面を常に進行方向に90度に保ちながら動かします。けっしてすくうように混ぜてはいけません。右から左へ押して流れをつくるように混ぜます。一般的にいわれている"切るような混ぜ方"では、部分的に泡が割れるだけで流れが起きず、素材同士がまんべんなく混ざりません。この混ぜ方はジェノワーズ、バターのムースやクレーム・シャンティイにパータ・ボンブなどを混ぜる時に用います。

木べらで【平行だ円】で混ぜる

バターにあまり空気が入らないようにほかの素材を混ぜる時に用います。木べらの面が上を向くように持ち、木べらの面は進行方向に対して平行に保ちながら、ボウルの底に先端をつけて、右図のように斜めに膨らんだだ円を描くように混ぜます。基本の速さは10秒に15回くらい。

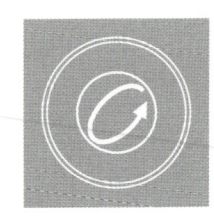

ホイッパーで混ぜる *fouet*

ホイッパーで【直線反復】で混ぜる

ボウルを少し傾けて材料を寄せ、ホイッパーを直線に往復させて混ぜます。10秒に15～16往復が基本で、ゆっくりの場合は10秒に7～8回往復が目安。卵白や卵黄をほぐす時や、卵黄とグラニュー糖を少し白っぽくなるまで混ぜる時の混ぜ方です。混ぜるものに直接力が加わり、目にみえない部分でもっともよく混ざります。

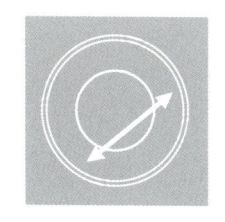

ホイッパーで【円】で混ぜる

ホイッパーを垂直に立てて持ち、先端をボウルの底に軽くつけながら、大きく円を描くように混ぜます。ムラングの入ったババロアの最後の混ぜ方などで10秒に6回とゆっくり混ぜる時は【円L】で表記しています(「Lentement: ゆっくり」)。

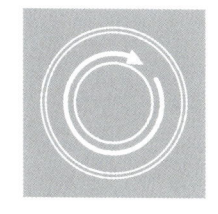

ホイッパーで【小刻みすくいあげ】で混ぜる

ゼラチンの入ったクレーム・アングレーズを、少量の生クリームでまず手早くのばすための混ぜ方。ボウルの左側(右ききの場合)で小さい円をできるだけ手早く連続して描きながら、ボウルの左側面をこすりあげます。同時にボウルも手前に手早く回し続けます。

ホイッパーで【すくいあげ】で混ぜる

ボウルの右側からまっすぐ中心を通って底をこすり、さらに左側面の⅔高さまでこすりあげるようにしてすくいあげ、手首を返すようにして中心へ動かします。この混ぜ方は【拡散】の次に浅めに混ぜる方法です。

La technique | 165

ホイッパーで【拡散】で混ぜる

【すくいあげ】に、ホイッパーの柄をボウルの縁に軽くトントンとあてる動作を加えたもの。泡が消えやすいムラング・イタリエンヌを生クリームに混ぜる方法。生クリームとムラングをそっとすくいあげ、ホイッパーの柄を縁に軽くトントンとあててムラングをワイヤーで小さく切り分けて分散させます。強く打ちつけると泡が消えてしまうので注意してください。あわてないで静かに混ぜていくとよく混ざります。この混ぜ方は目にみえない部分でもっとも浅く混ざる方法です。

エキュモワールで混ぜる　*écumoire*

エキュモワールは"泡すくい"という意味です。ビスキュイなどのためにかたく泡立てたムラングなどをほかの素材と混ぜ合わせる時に使います。木べらやホイッパーではかたく泡立ったムラングを、泡を消さずに十分に混ぜることはむずかしいものです。なかなか混ざらず、また過度に混ぜ続ければムラングの泡は消えてしまいます。

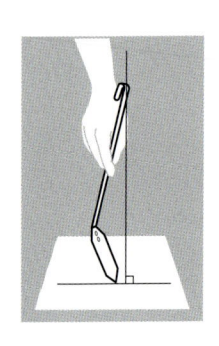

1 エキュモワールはペンを持つように人さし指と親指と中指で持ち、ボウルの底に対して、刃の先と持ち手の頂点を結んだ線が垂直になるようにします。先のとがった部分をボウルの奥側に入れます。

2 ボウルの中心を通しながら手前の側面までまっすぐに引きます。エキュモワールを手前に引きはじめると同時に、左手でボウルを手前に1/6回転させます。

3 刃の先端でボウルの手前の側面をなぞりながら、半分くらいの高さまでこすりあげます。刃面の向きは常に進行方向と平行でなければなりません。平行であれば刃がムラングを切り分けるだけで、ムラングの泡は消えません。平行でないと刃の部分がムラングをすくってしまい泡が消えてしまいます。

4 ボウルの手前の側面に半分ほどこすりあげて刃を抜き、刃の裏面が上を向くように返します。刃を返さずにそのまま上に向かって持ちあげてしまうと、ムラングをすくってしまって泡が消えてしまいます。

5 刃の裏面が完全にみえたら、*1*にもどります。これを10秒に12回の速さでくり返します。

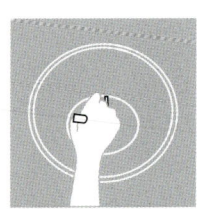

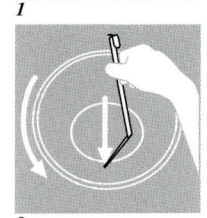

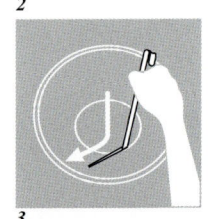

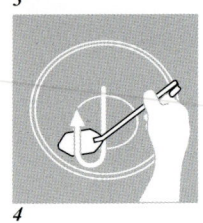

泡立てる fouetter

泡立てはハンドミキサーで行ないます。たとえ男性の腕力でもホイッパーで泡立てては力が弱すぎてけっしてよい泡立ちは得られません。ハンドミキサーの特性を考えて泡立てます。

ハンドミキサーの正しい使い方

ボウルの側面にビーターが軽くあたってカラカラとごく軽く音をたてるくらいに、ボウルの中でできるだけ大きな円を描くように回します。ボウルの中心部分だけで回しているとビーターの外側が泡立たないため、気泡量の少ない、弱くて不均一な泡立ちになります。側面にガラガラと強くあてたり、底をゴロゴロこすりながら泡立てると、ムラングはポロポロした混ざりにくくてつぶれやすい泡になります。

ビーター1本で泡立てる

卵白60g以下、全卵70g以下の場合は、ハンドミキサーにビーター1本を装着し、深小ボウルや手つき中ボウルで泡立てます。右ききの人はハンドミキサーの左側にビーターをつけて時計回りに回します（左ききの人は右側にビーターをつけ、時計回りと反対に回します）。左右それぞれのビーターは外側方向に回転しているので、ハンドミキサー本体をビーターの回転と反対方向に回すことで、よりよく泡立ちます。同方向にミキサーを回すと、いつまでたってもやわらかくて気泡量の少ない状態のままです。

ビーター2本で泡立てる

卵白60g以上、全卵70g以上の場合は、深めの大きめのボウルを使い、ビーター2本で泡立てます。この場合はハンドミキサーを回す方向はどちらでもかまいません。腕が疲れたら途中で方向をかえても大丈夫です。

イル・プルー・シュル・ラ・セーヌのご紹介

La présentation de IL PLEUT SUR LA SEINE

イル・プルーは、フランス菓子を「作る」「教える」「伝える」「素材の開拓」の"4つの柱"で支えあいながら、皆様に4つのサービスと情報を発信しております。

パティスリー　イル・プルー・シュル・ラ・セーヌ

La Pâtisserie IL PLEUT SUR LA SEINE

本当のフランス菓子を届けたくて

代官山「パティスリー イル・プルー・シュル・ラ・セーヌ」は、フランスとは環境も材料の質も異なる日本で、オーナーパティシエ弓田亨自らが独自で選び抜いたこだわりの材料を使い、フランスの味を追究しています。

季節ごとに顔ぶれのかわる、素材の組み合わせが楽しいオリジナルの生菓子から、大切なひとへの贈り物やブライダルギフトにも最適な焼き菓子など、バラエティ豊かな品揃えです。

Salon de thé サロン・ド・テ

イートインスペースでは、店内でしか食べられない限定のお菓子、ブランマンジェやソルベなど自慢のデザートのほか、トレトゥール(お惣菜)ランチがあります。代官山旧山手通りの隠れ家的なロケーションの中で、ここだけの味をご堪能いただけます。

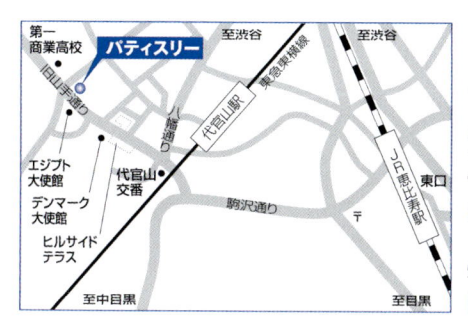

フランス菓子製造販売
パティスリー　イル・プルー・シュル・ラ・セーヌ
〒150-0033 東京都渋谷区猿楽町 17-16 代官山フォーラム 2F
TEL.03-3476-5211 FAX.03-3476-5212
営業時間 11:30〜19:30 定休日 火曜 (祝日の場合は翌日振替)

焼き菓子やギフトのご注文はインターネットでも受け付けております。
http://www.ilpleut.co.jp/

イル・プルー・シュル・ラ・セーヌ
嘘と迷信のないフランス菓子・料理教室
L' école de pâtisserie et de cuisine française

プロが教えるからおいしい！

代官山のパティスリーの向かいで主宰する教室では、初心者からプロまで、今までに述べ3000人以上の方が、本格フランス菓子を学んできました。
一度に大量につくる場合と家庭向けに少量つくるのでは注意点がまったく違います。ご家庭で自分1人でつくれるように、説明と実習を交互に行い、少しずつ作業をすすめます。「さっくり混ぜる」「人肌に温める」などあいまいな表現は使わず、独自のルセットゥで指導します。1日体験入学や無料見学も随時受け付けています。

◆**フランス菓子本科第1クール 全40回 112品目**
1人で全行程を実習します。フランス菓子の基礎から学べ、1回の授業で2~3種類のお菓子をつくり、すべてお持ち帰りいただけます。第1クール修了者は上級コースでさらに技術を磨くことができます。

◆**入門速成科 全20回 27品目**
まったくの初心者の方でも簡単にショートケーキやモンブランがつくれるように指導します。本科同様つくったお菓子はお持ち帰りいただけます。

◆**フランス料理 全20回**
フランスと日本の素材の違いをふまえながら、フランス料理の基本となる調理方法やソースのつくり方を丁寧に指導。手間を惜しまない本格的なフランス料理が学べます。

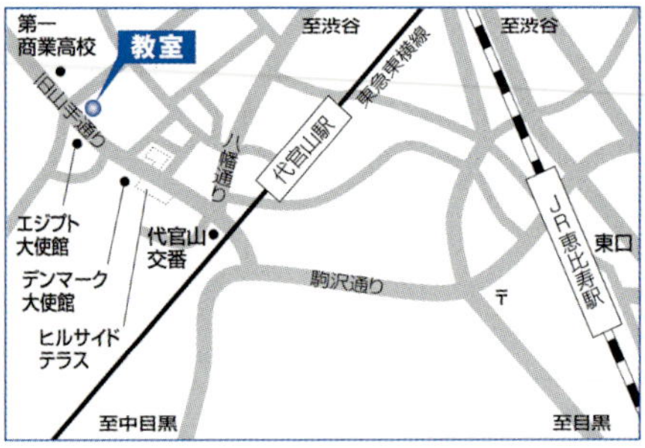

イル・プルー・シュル・ラ・セーヌ
嘘と迷信のないフランス菓子・料理教室
〒150-0033 東京都渋谷区猿楽町 17-16 代官山フォーラム 2F
TEL.03-3476-5196 FAX.03-3476-5197
http://www.ilpleut.co.jp/

お菓子屋さんが出版社
La maison d' édition

本当のフランス菓子、料理のおいしさを知ってほしい——。日本で唯一のパティシエが社長の出版社である弊社では、本当においしくつくれるプロ向けの本格フランス菓子・料理本の企画・編集・出版を手がけています。

イル・プルー・シュル・ラ・セーヌ企画のプロ向け好評既刊本

本当においしいフランス菓子をつくりたい方に
小さなレストラン、喫茶店、家庭で作る
「少量でおいしいフランス菓子のためのルセットゥ」1~6

第1巻 基礎編
基本のパートゥ、クレームなど
ISBN978-4-901490-02-3/ 定価：本体 11,905 円＋税

第2巻 実践編1
フィナンスィエ、ダックワーズ、
シャルロットゥ・フレーズ他全28品
ISBN978-4-901490-03-0/ 定価：本体 11,905 円＋税

第3巻 実践編2
ミルフイユ、シュー・ア・ラ・クレーム、
サブレ・オランジュ他全46品
ISBN978-4-901490-04-7/ 定価：本体 11,905 円＋税

第4巻 実践編3
オペラ・キャフェ、フォレ・ノワール、
ゴッホのようなバナナ他全28品
ISBN978-4-901490-05-4/ 定価：本体 12,381 円＋税

第5巻 実践編4
パリ・ブレストゥ、サントノレ、
ガトー・バスク他全37品
ISBN978-4-901490-06-1/ 定価：本体 12,381 円＋税

第6巻 実践編5
クレーム・ブリュレ、サバラン、
クロワッサン・ジャンボン他全32品
ISBN978-4-901490-07-8/ 定価：本体 12,381 円＋税

誰も教えてくれなかったフランス菓子の秘密を学ぶ、
パティシエ必携のフランス菓子解体新書

新版 Pâtisserie française その imagination Ⅰ
日本とフランスにおける素材と技術の違い
ISBN978-4-901490-12-2/ 定価：本体 4,700 円＋税

Pâtisserie française その imagination Ⅱ
私の imagination の中の recettes その(1)
ISBN978-4-901490-01-6/ 定価：本体 9,524 円＋税

レストラン向け本格デザートの手引き書

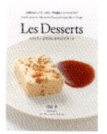

Les Desserts
レストラン、ビストロ、カフェのデザート
ISBN978-4-901490-19-1/ 定価：本体 7,800 円＋税

パリのパティスリー『ジャン・ミエ』シェフ、
ドゥニ・リュッフェル氏に学ぶフランス料理の神髄

アルティザン・トゥレトゥールドゥニ・リュッフェルの
ルセットゥ日本語版（全3巻）監修 弓田亨
第1巻
フォン、ソース他
ISBN978-4-901490-08-5/ 定価：本体 15,000 円＋税

第2巻
オードブル、パテ、テリーヌ、ベニェ、クネル、
スフレ、クルスタッドゥ
ISBN978-4-901490-09-2/ 定価：本体 15,000 円＋税

第3巻
温かいプティットゥ・アントレ、サラダ、
魚の冷製、ラングスティーヌ、ジュレ寄せ
ISBN978-4-901490-10-9/ 定価：本体 15,000 円＋税

イル・プルー・シュル・ラ・セーヌ企画 出版部
〒150-0021 東京都渋谷区恵比寿西 1-16-8 彰和ビル 2F
TEL.03-3476-5214 FAX.03-3476-3772
http://www.ilpleut.co.jp
全国有名書店にて好評発売中！
インターネット通信販売楽天市場でも取り扱い中
http://www.rakuten.co.jp/ilpleut/

製菓材料輸入販売
Le commerce extérieur

菓子職人の目で選んだ
こだわりの素材を世界から

オーナーパティシエ弓田亨自らが毎年フランス、スペインなどを回り、味に誠実なメーカーとの家庭的な付き合いを通じて選んだこだわりの素材を輸入販売。本物の持つしっかりとした香りと味は、お菓子の味を一段と引き立てます。

私どもがまったく無の状態からヨーロッパの秀逸な素材を捜しはじめたのが1994年のことです。多くのお菓子屋さんのご支援のおかげで、取扱商品もかなり豊富になりました。私どもが集めてまいりました素材の多くは、私のお菓子づくり人生のすべての経験と知識、そして執念を持って現地に足を運び捜したものであり、その味わいの豊かさは、正に抜きんでたものであると自負しております。とりわけ、スペイン、フランスのものが著しく豊かな味わいです。
私どもは、菓子屋が始めた菓子屋の視点を持った素材屋という原点は忘れずに活動していこうと考えております。

イル・プルー・シュル・ラ・セーヌ
代表 弓田亨

お菓子づくりに関わる
エキスパートとして

イル・プルーの製菓技術と知識を持った営業スタッフが、日本全国どこへでも伺います。新しいお菓子の開発や提案など、「もっとおいしいお菓子をつくりたい」皆様のご要望にお応えします。

イル・プルー・シュル・ラ・セーヌ企画 営業部
〒150-0021 東京都渋谷区恵比寿西 1-16-8 彰和ビル 2F
[製菓材料のご注文・お問い合せは]
TEL.03-3476-5195 FAX.03-3476-3772

[インターネットでのご注文は通信販売 楽天市場]
http://www.rakuten.co.jp/ilpleut/
カタログのご請求は上記お電話番号、ファックスにて承ります。

直輸入食材・製菓材料
Les ingrédients pour pâtisserie

本場フランスと同じ味をつくりあげるため、またお菓子に必要な食感、香り、深い味わいを引き出すために、オーナーパティシエ弓田亨が自ら現地で選び抜いた直輸入材料を中心とした製菓材料です。

[→業務用材料のご注文・お問い合わせは P172]
※書籍中の名称とカタログの商品名が異なる場合は( )内で商品名を明記しています。

◆ 酒　liqueur, eau-de-vie etc
マール酒(フィーヌ・ドゥ・ブルゴーニュ) デブノ社(仏・ブルゴーニュ地方)
フランボワーズリキュール、カシスリキュール、フレーズリキュール
共にジョアネ社(仏・ブルゴーニュ地方)
フランボワーズ・オ・ドゥ・ヴィ、ダークラム、ギニョレットゥ・キルシュ、キルシュ酒
共にルゴル社(仏・アルザス地方)
ホワイトラム(ホワイトラム J.B.) ザ・ラム・カンパニー(ジャマイカ・キングストン)
カルバドス サセベ社(仏・ノルマンディー地方)

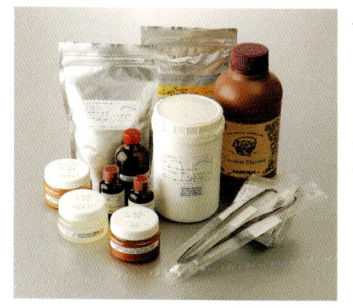

◆ 香料　arôme　セバロム社(仏・オーヴェルニュ地方イッサンジョー)
コンパウンド・パイン(ナチュラルコンパウンドパイナップル)
コンパウンド・オレンジ(ナチュラルコンパウンドオレンジ)
コンパウンド・シャンパン(ナチュラルコンパウンドシャンパン)
バニラ棒(バニラ・ビーンズ)マダガスカル産
バニラエッセンス マダガスカル産
コーヒーエッセンス
シュークルバニエ(シュクル・ヴァニエ)
フランボワーズエッセンス

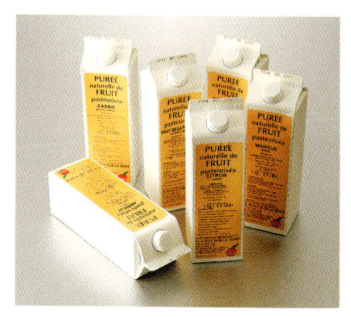

◆ 冷蔵フルーツピューレ　purée　アプチュニオン社(仏・ローヌ渓谷地方)
フランボワーズピューレ(フランボワーズ)
カシスピューレ(カシス)
マンゴーピューレ(マング) コートジボワール＋インド産
アプリコットピューレ(アプリコ)

IL PLEUT SUR LA SEINE | 173

◆ アーモンド、ナッツ amande et fruit sec
アリクサ社(スペイン・カタルーニャ地方)

アーモンドパウダー（マルコナアーモンド パウダー）
スライスアーモンド（マルコナアーモンド スライス）
アーモンド(16割)（マルコナアーモンド ダイス）
アーモンドローストペースト
ヘーゼルナッツローストペースト
ローマジパン(マジパンローマッセ)

◆ チョコレート chocolat ペック社(仏)のチョコレート(ベネズエラ産を厳選して使用)

ガナッシュ用スイートチョコレート
（クーヴェルチュール・ガナッシュ・ゲアキル・カカオ分約54%）
スイートチョコレート（クーヴェルチュール・アメール・オール・カカオ分約66%）
スイートチョコレート（クーヴェルチュール・スーパー・ゲアキル・カカオ分約64%）
セミスイートチョコレート（クーヴェルチュール・アメリカオ・カカオ分約72%）
ミルクチョコレート（クーヴェルチュール・ラクテエクストラ・カカオ分約37%）
ホワイトチョコレート（イヴォワール・カカオ分約31%）
ジャンドゥーヤ
ココア(カカオ・プードル)
上がけ用ホワイトチョコレート（パータ・グラッセ・イヴォワール）
パートゥ・ドゥ・カカオ（カカオマス100%）
カカオバター（カカオ・バター100%）
パイエットゥ・ショコラ

◆ プラリネ praliné ペック社(仏)

プラリネ・アマンドゥ（プラリネ・アマンドゥ細挽き/粗挽き）
プラリネ・シナモン（プラリネ・アマンドゥ・シナモン）セイロン産シナモン使用

◆ フルーツ加工品 fruit パティスフランス社(仏)

シューペルポンム(スーパーポム)

◆ 粉類 farine

薄力粉(スーパーバイオレット)、強力粉(スーパーカメリア)
共に(株)日清製粉

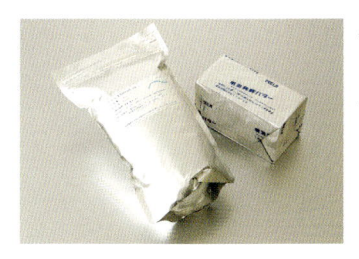

◆ 乳製品 produit laitier

ミルクパウダー(乳脂肪 26%) ランベルト・ウィンター社(オランダ・ロッテルダム)
バター(明治発酵バター) 明治乳業(株)

◆ 砂糖 sucre

シュクルクリスタル 日新製糖(株)
グラニュー糖(シュクレーヌ) 塩水港精糖(株)
粉糖(全粉糖)(株)徳倉
キャソナッドゥ(ベギャンゼ キャソナード) ベギャンゼ社(仏)

◆ 凝固材 gélifiant

粉ゼフナン(宮城粉末ゼラチン AU)ゼライス(株)
安定剤(安定剤 ソルベ・グラス用/生クリーム用) セバロム社(仏・オーヴェルニュ地方イッリンジョ　)
ジャムベース 愛国産業(株)
フォンドニュートラル(フォンドスローニュートラル) 日本シイベルヘグナー(株)

◆ 卵類 œuf

乾燥卵白(QP 乾燥卵白) キューピ(株)

器具
Les ustensiles de cuisine

少量でつくるための器具を選ぶことで、誰もがおいしいお菓子をつくれるようになります。そして大切なのは、正確な計量。温度や時間も感覚ではなく数字で正確に計ります。

はかる *mesurer*

デジタル秤
balance électronique

1g単位で1kgまで計れ、風袋機能がついているものを使います。凝固剤、塩、香料、酒などの計量には0.1g単位の秤が必要です。

ストップウォッチ
minuteur électronique

泡立てや加熱時間を正確に計るのに使用します。ルセットゥには泡立て時間を記していますので、あいまいでない最適な泡立ちが得られます。

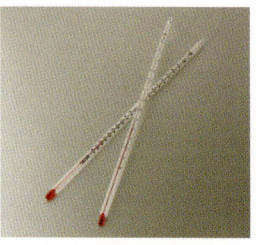

温度計（100℃計／200℃計）
thermomètre

温度管理はお菓子づくりのもっとも重要な要素です。体感温度にたよらずに正確に計ります。

ボウル *bassine*

深大ボウル、深小ボウル
bassine à monter les blancs

ハンドミキサーでの泡立てに使うボウルは、深めで、かつ側面が底に対して垂直に近いものが、ビーターがボウル全体で回って効率よく泡立てられます。深大ボウルは直径20cm×高さ10cm。深小ボウルは直径13cm×高さ9cm。

手つき中ボウル
bassine à monter les blancs

比較的少ない量をハンドミキサーで泡立てる時に使います。直径14cm×高さ8cm。

ボウル bassine

直径12cm~30cmまで3cmごとにサイズがあります。ステンレス製。混ぜ合わせる材料の量がボウルの容積の80%くらいになるよう、少し小さめのボウルを選びます。

耐熱性ガラスボウル
bol en pyrex

クレーム・アングレーズを加熱する時などに使います（→P159）。直径16.5cm×高さ10cm。

混ぜる、泡立てる *mélanger, fouetter*

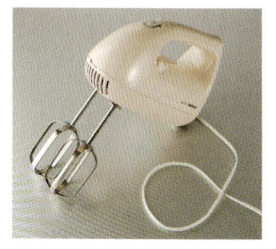

ハンドミキサー
batteur
低速・中速・高速の3段階に調節でき、ビーターが2本セットできるものを使います。ビーターは先のほうが広がっている形がよく泡立ちます。

エキュモワール（オリジナル）
écumoire
別立ての生地を混ぜる時に使います。ムラングの泡を消さずに混ぜられるオリジナルの器具です（→P166）。

木べら
spatule en bois
先が細めのタイプが使いやすく混ぜやすいです。大は長さ25cm、小は長さ20cm。

ホイッパー
fouet
柄が握りやすく、ワイヤーのしっかりしたものを選びます。大きいものは中～大ボウルに、小さいものは小ボウルに使います。大は長さ24cm、小は長さ21cm。

ゴムべら
maryse
ゴム部分がかため、やわらかめ、大、小サイズも揃っていると便利です。生地やクレームを無駄なく移したり、混ぜる時に使います。

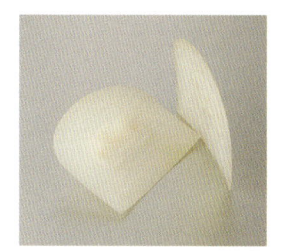

プラスチックカード
corne
生地をまとめたり切り分けたり、クレームをすくったりします。

加熱する *chauffer*

手つき鍋
casserole
銅製の手つき鍋。ムラング・イタリエンヌなどに使うシロップや、少量の果汁を煮詰める時に使います。小は直径9cm、中は直径12cm。

石綿
céramique
材質はセラミック。直火では強すぎる時や、耐熱性ガラスボウルを加熱する時に火のあたりをやわらげるために使います。

銅ボウル
bassine en cuivre
熱の伝わりがやわらかいことが特長です。できるだけ厚手で底のややとがった丸いものを選びます。直径24cm×高さ13cm。

IL PLEUT SUR LA SEINE

切る、のす、絞る、平らにならす　*couper, abaisser, coucher, aplatir*

プティクトー
petit couteau

刃渡り約 10cm。型からでた余分な生地を切る時やリンゴの芯をとる時など、よく使います。

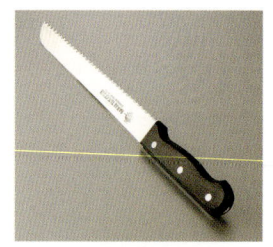

クトー・スイ
couteau-scie

刃渡り約 30cm。波刃包丁のこと。ビスキュイなどの生地を切る時に使います。

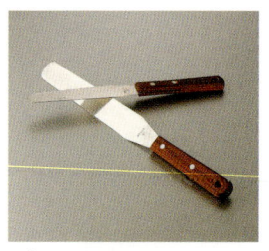

パレットナイフ
spatule en fer

生地やクレームを平らにならす時に使います。大は9寸（全長 36cm）、小は6寸（全長 28cm）。

麺棒
rouleau

直径 3cm × 長さ 45cm のものを使います。

アクリル透明板
plaque acrylique

生地をのす台は、冷やしておかなければなりません。そのため冷凍庫に収納しやすいアクリル板を使い、のす時にはさらに下に水を含ませて凍らせたタオルを敷いて保冷します。長さ 54.9cm × 幅 32cm × 厚さ 5mm。

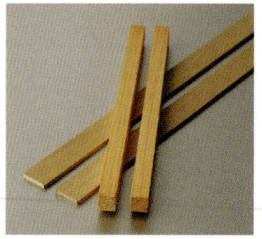

木製の板
règle

生地をスライスする時や、のす時に両端に置いて、正確な厚さにします。厚さ 3mm、5mm、1cm、1.2cm を使っています。

絞り袋
poche

生クリームやムースを絞る時には、かならず冷蔵庫に入れて冷やしておきます。

天板、キャドル　*tôle, cadre*

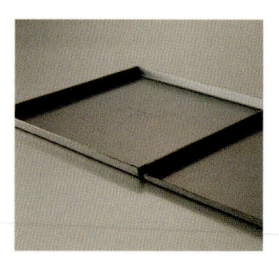

分度器
rapporteur

コンパクトで使いやすく、生地やクレームを平らにきれいにならすことができます。

天板（オリジナル）
tôle à pâtisserie

浅天板は薄焼き生地に、深天板は厚焼き生地に使用します。浅天板は 18cm角 × 高さ 0.7cm、深天板は 18cm角 × 高さ 1.1cm。

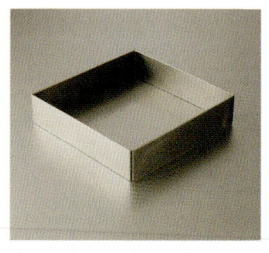

キャドル（オリジナル）
cadre

正方形の型枠。厚焼きのビスキュイやジェノワーズを焼く時、お菓子の組み立てなどに使います。18cm角 × 高さ 4cm。

エピスリー イル・プルー・シュル・ラ・セーヌ
L'ÉPICERIE IL PLEUT SUR LA SEINE

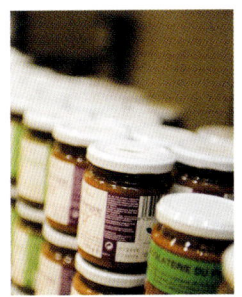

おいしいお菓子づくりの第一歩をお手伝い

こだわりの製菓材料と器具を販売するエピスリーでは、お菓子づくりに精通したスタッフのアドバイスを受けながら、安心して材料や器具を揃えることができます。

毎日のように実演講習会を開催中

地階では、季節限定の新作のお菓子や料理講習会を毎日のように開催。素材の組み合わせを模索している方やルセットゥの数を増やしたい方はもちろん、少人数制ですのでビギナーの方も安心してお菓子づくりのコツが学べます。講習会の日程はインターネットで確認できます。

製菓材料・器具・書籍の販売とデモンストレーション
エピスリー イル・プルー・シュル・ラ・セーヌ
〒150-0013 東京都渋谷区恵比寿 3-3-8 ラピツカキヌマ 1F
都バス「田87」系統「恵比寿2丁目」下車徒歩1分
TEL.03-5792-4280 FAX.03-3441-4745
営業時間 11:00～20:00 定休日 火曜（祝日の場合は翌日振替）
http://www.ilpleut.co.jp/

フランス菓子・料理教室
ラ・パティスリ・ソルシエール　森田英子
La Pâtisserie Sorciere

みなとみらい線の開通にあわせて考案したオリジナル商品「元町ダックワーズ」(抹茶・黒ごま・アールグレー)1個240円(税込)はインターネット販売でも人気。

お菓子も料理も
オシャレに楽しく

1988年にイル・プルーと出会い、フランス菓子や料理、トレトゥールを学んだ森田さん。最初は自宅を開放して教室を始め、1999年に横浜元町でフランス菓子・料理教室『ソルシエール』をオープンした。
「やさしいことも難しいことも楽しく覚えてもらうことを心がけています」
素材のよさとごまかしのない技術、さらにお菓子や料理の背景にあるフランスの文化やライフスタイルも自然と学べる。年1回のフランス研修旅行では、地方菓子探訪など本場の味も体験している。
「子育てをしていた時、いつも家での暮らしを楽しむ工夫をしていました。今の若いお母さんたちに、家で過ごす楽しさをもっと伝えたいと思っています」
お菓子も料理もオシャレに楽しく。少人数制でフレンドリーな教室からは、いつも笑い声がたえない。

ラ・パティスリ・ソルシエール
アクセス みなとみらい線元町中華街駅より徒歩1分
または JR京浜東北線石川町駅より徒歩10分
〒231-0861 神奈川県横浜市中区元町1-21-2 田中ビル2F
tel&fax 045-681-6155
e-mail sorciere1210@nifty.com
http://homepage3.nifty.com/sorciere/

○ティーサロン
　毎日曜日 13:00~18:00
○フランス菓子教室
　火~日 10:00~14:00
　1万円/月(材料費含む)全12回 定員4名
○フランス料理教室
　月曜日 10:00~15:00
　1万円/月(材料費含む)全10回 定員5名

＊平日・土日夜クラス有。随時開講。

今すぐ習いたい！　イル・ブルー師範のお教室

フランス菓子教室
ブラン・エ・ブルー　志村美枝
Blanc et bleu

(写真上)成城の自宅で開いている教室風景。(写真右上)教室の生徒さんたちと。(写真右)デモンストレーションでつくった定番の焼き菓子マドレーヌ。

**お菓子が持っている
ハッピーな力を伝えたい**

子供の頃からお菓子が大好きで、本に載っている簡単なおやつをつくったりしていた。中学の頃に買ってもらった貝の形のマドレーヌの型は今でも使っているという。

就職し結婚をし、ふと30代になった時、何か自分の好きなことをしたいと考え、子供の頃好きだったお菓子を本格的に学ぶため、イル・プルーに通い始める。

1998年に師範の資格を取得。しばらく育児休業中であったが、2005年に成城の自宅で教室を再スタートさせた。

「私もまったくの初心者でしたが、本当にたくさんのお菓子をつくれるようになりました。基本に忠実に、心をこめてつくったものは人を感動させる力を持っています。お菓子をつくり、味わう喜び、楽しさを一人でも多くの人に知って頂けたらと思っています」

ブラン・エ・ブルー
アクセス 小田急線成城学園前駅より徒歩15分
または千歳烏山、千歳船橋行バス「都立総合工科高校前」下車徒歩2分
tel&fax 03-3789-7192
e-mail jennymike5@y5.dion.ne.jp

○デモンストレーションコース
　3000円／1回(デモンストレーション見学と試食)
○実習コースⅠ
　5000円／1回(実習、試食と少しお持ち帰り)
○実習コースⅡ
　8000円／1回(実習、試食とお一人様1台分お持ち帰り)定員2名

＊教室内容・料金は変更の可能性があります。スケジュールは要相談。

イル・プルーの味が学べる、味わえる、全国の教室とお店

L'autre écoles, pâtisserie, salon de thé

イル・プルーで学んだ方々が、各地で開いている教室とお店をご紹介します。

◎＝教室　☆＝お店（製菓店・喫茶店）　<2005年10月現在>

[イル・プルーで講師を兼任している方の教室]

◎深堀紀子お料理お菓子教室 クレール／深堀紀子
〒151-0066 東京都渋谷区西原　tel.03-3468-2551

◎フランス菓子教室 atelier camomille（アトリエ・カモミール）／宮口治代
〒215-0021 神奈川県川崎市麻生区上麻生　tel.044-989-8164　e-mail. gymlt@toccata.plala.or.jp

[その他、各地の教室＆お店]　※各地方ごとに、教室名・店名の五十音順で表記。

■北海道・東北地方

◎ダブリエブロン／小川栄子
〒966-0003 福島県喜多方市岩月町橿野字菅原1518-2　tel.0241-22-5778

■関東・甲信越地方

◎アトリエ・クロシェット／鈴木也恵
〒178-0063 東京都練馬区東大泉　tel.03-3924-3709

◎お菓子教室／鈴木陽佐子
〒235-0019 神奈川県横浜市磯子区　tel.045-754-6560

◎お菓子教室／瀬川輝子
〒321-0906 栃木県宇都宮市中久保1-2-2　tel.028-664-0273

☆◎片瀬山パーチェ／宮代博子
〒251-0053 神奈川県藤沢市　tel.0466-26-6855　e-mail.miyanoke-ki@jcom.home.ne.jp

☆カフェ パベット／島幸子
〒155-0032 東京都世田谷区代沢4-7-2　tel.03-3487-5265　e-mail.shima193@nifty.com

☆◎グラン・ブルー／角田弘子
〒371-0046 群馬県前橋市川原町803-6　tel.027-231-7757

◎坂本いく江お菓子教室／坂本いく江
〒223-0051 神奈川県横浜市港北区箕輪町1-14-1-209　tel.045-561-3830

◎佐藤美和子お菓子教室／佐藤美和子
〒176-0022 東京都練馬区向山2-24-4　tel.03-3990-9309

◎サロン・ド・ガトー／浅見淳子
〒142-0042 東京都品川区豊町5-18-11 フローラ4F　tel.03-3783-4385
e-mail.orangekitchen@krc.biglobe.ne.jp　http://www7a.biglobe.ne.jp/~salonatsuko/

◎サロン・ド・ラ・フォレ／森暎美
〒338-0002 埼玉県さいたま市中央区下落合1013　tel.048-832-5037

◎ Chez Petite Marie（シェ・プティット・マリー）／八木真利子
〒316-0001 茨城県日立市　tel.0294-36-5310

◎ Sweet smile（スイート・スマイル）／漆原麻子
〒222-0024 神奈川県横浜市港北区　tel.080-3382-4777

☆パティスリー・ディアンヌ／吉川和男
〒299-5106 千葉県夷隅郡御宿町須賀 464-1　tel.0470-68-8989

☆ Petite bleu（プティット・ブルー）／青木佐知子
〒320-0851 栃木県宇都宮市鶴田町 1704-78　tel.028-648-7507

☆プティット・ノア／中園博子
〒181-0013 東京都三鷹市下連雀 6-7-24　tel.0422-45-0746
e-mail.putinaka@parkcity.ne.jp　http://mall.maitaka.ne.jp/

◎フランス菓子教室 blanc et bleu（ブラン・エ・ブルー）／志村美枝
〒157-0066 東京都世田谷区成城　tel.03-3789-7192　e-mail.jennymike5@y5.dion.ne.jp

☆ふらんす菓子ビアンドレ／小川志穂
〒213-0014 神奈川県川崎市高津区新作 5-10-5　tel.044-877-1155

◎ very berry フランス菓子教室／川口久仁子
〒343-0044 埼玉県越谷市大泊 632-14 せんげん台ハイツ A5-402　tel.048-976-5885
http://blog.livedoor.jp/kuniko1004/

☆◎ラ・パティスリ・ソルシエール／森田英子
〒231-0861 神奈川県横浜市中区元町 1-21-2 田中ビル 2F　tel.045-681-6155
e-mail.sorciere1210@nifty.com　http://homepage3.nifty.com/sorciere/

◎山口世津子フランス菓子教室／山口世津子
〒292-0815 千葉県木更津市大久保 3-16-12　tel.0438-30-1128

■東海・近畿地方

◎ウエスト・コリーヌ 岡本典子お菓子教室／岡本典子
〒650-0002 兵庫県神戸市中央区北野町 3-13-21　tel.078-222-4807

◎梶本浩子お菓子・パン教室／梶本浩子
〒664-0881 兵庫県伊丹市昆陽 4-69　tel.072-783-0011

◎ Ciel Doux（シエル・ドゥ）／石津慶子
〒658-0016 兵庫県神戸市東灘区本山中町 4　tel.078-441-2732　http://www.k3.dion.ne.jp/~cieldoux/

☆◎ citron（シトロン）／山本稔子
〒604-8202 京都府京都市中京区姉小路通室町西入突抜町 139 プリモフィオーレ 1F
tel.075-222-0503　http://www.speem.com/citron/

◎ミュル・ミュル・ド・ガトー・フランス菓子教室／道盛陽子
〒669-6753 兵庫県美方郡浜坂町諸寄 3253-2　tel.0796-82-1002

■中国・四国地方

☆◎スーリィー・ラ・セーヌ／安原充代
〒700-0824 岡山県岡山市内山下 1-2-15　tel.086-224-3876

◎ La Maison（ラ・メゾン）／瀬口京子
〒683-0802 鳥取県米子市東福原 8-20-19　tel.0859-35-8575

■九州・沖縄地方

◎フランス菓子教室／立山ふみ
〒862-0950 熊本県熊本市水前寺 1-22-18-401　tel.096-383-5960

五感で創るフランス菓子

著者	弓田 亨
教室スタッフ	松崎 多恵子
	佐藤 聖子
	渡部 芽久美
	丹後 ひとみ
	南部 美緒
企画・編集	田代 ユキ
	山田 成海
	中村 方映
編集	横山 せつ子
撮影	西坂 直樹（スタジオナップス）
撮影アシスタント	渡辺 恵美（スタジオナップス）
アートディレクション・装丁	佐藤 光生 (sankakusha)
デザイン	舟田 アヤ
	鈴木 隆浩
	近藤 圭吾
	中澤 亜希 (sankakusha)
初版発行	2005年10月10日
2版発行	2008年2月15日
発行者	弓田 亨
発行所	株式会社イル・プルー・シュル・ラ・セーヌ企画

〒150-0033 東京都渋谷区猿楽町 17-16
代官山フォーラム 2F
Tel.03-3476-5214 Fax.03-3476-3772
http://www.ilpleut.co.jp

印刷・製本　タクトシステム株式会社

本書の内容を無断で転載・複製することを禁じます。
落丁本、乱丁本はお取り替えいたします。

Copyright © 2005 Il Pleut Sur La Seine Kikaku. Co., Ltd.
Printed in Japan

本書で使用しているデジタル撮影機材
Sinar Back 54H/Sinar P3/Sinaron digital macro120mm f5.6
KODAK Pro Back Plus/HASSELBLAD 555ELD/Distagon 50mm f4/Planar 80mm f2.8
Canon Eos-1D MarkII digital/Canon EF 24-70mm f2.8L
PowerMac G5 OS X 10.3.5/Adobe PhotoShop CS /RGB-PF　Adobe RGB

本書で使用しているデザイン機材
PowerMac G5 OS X 10.4/Adobe InDesign CS